U0448476

民国·比较法文丛

比较刑法纲要

许鹏飞 编著

商务印书馆
2014年·北京

华东政法大学法律史研究中心
勘校整理
主持人　何勤华
勘校人　孟红

国家重点学科华东政法大学法律史
学科建设项目资助

中国政法大学图书馆提供版本

总　　序

比较法(法文 droit comparé,英文 comparative law,德文 rechtsvergleichung),有时也称"比较法学",是指对不同国家或不同地区的法律理念、制度、原则乃至法律用语等进行比较研究,发现蕴含在其中的一些共同性要素,以实现各国、各地区之间法律的沟通、交流和融合,使其获得更好地适用的一门学问。它既是一种法学研究的方法,也是一个法学学科,是近代西方社会进步、文化发达、法律昌盛的产物。

近代比较法诞生于法国。1869 年,法国创办了世界上第一个比较立法学会,试图通过比较各国的立法经验,来完善本国的法律制度。1900 年 7 月 31 日至 8 月 4 日,在法国举行的第一届比较法国际大会上,与会代表提交了 70 余篇学术论文,会议的召开宣告了比较法这一学科的诞生。1901 年,刑部大臣沈家本(1840—1913)奉命修律变法,主持修订法律馆,参照外国的经验建立和完善中国的法制,许多外国的法典和著作被引入中国,比较法开始了其在中国的旅程。

1912 年,中华民国政府建立后,对比较法的研究十分重视,出版了王宠惠的《比较民法概要》(1916 年)、王家驹的《比较商法论》(1917 年)、董康的《比较刑法学》(1933 年)和王世杰、钱端升的《比较宪法》(1936 年)等作品。与此同时,日文汉字"比较法"

i

("比较法学")一词也被学界引入中国。除了专著以外,一些比较法译著也得以出版,如意大利学者密拉格利亚(Luigi Miraglia, 1846—1903)的《比较法律哲学》(1940年版)等。在此基础上,中国近代的比较法学科开始形成。

在此过程中,有几件事情对中国近代比较法的发展和定型意义特别重大。一是该时期出版了一批比较法的著作,发表了一批比较法的论文①。二是比较立法的事业有了进一步发展,从1912年至1949年,在比较各国立法得失的基础上,中华民国各届政府先后制定了《中华民国临时约法》,以及宪法、民法、刑法、刑事诉讼法、民事诉讼法、土地法、银行法等主要的法律。三是比较法教育有了显著发展,各公立、私立的法政专门学校和法学院,扩大了外国法律课程范围,并将比较法制史、比较法学概论、比较民法、比较刑法、比较司法制度等都定为选修课。四是创办了比较法学会与比较法研究的杂志。

正是在上述基础上,中国近代的比较法研究开始走向繁荣。这当中,有几部作品所起的作用特别巨大。比如,攻法子所著《世界五大法系比较论》(《政法学报》1903年第2期)和张鼎昌的《比较法之研究》(《中华法学杂志》新编第1卷第9号,1937年),对比较法的基本问题进行了阐述,因而奠定了比较法总论的框架体系和历史与理论基础;又如,李祖荫(民法)、王世杰(宪法)、许鹏飞(刑法)等人的研究成果,属于比较法各论的代表作品,它们的出版,构成了中国近代比较法各论的主要内容;此外,龚钺所著《比较法学概要》②一书,虽然与当时出版的法学通论的内容大同小异,但

---

① 根据笔者的统计,该阶段我国共发表比较法的论文约有150余篇。
② 商务印书馆1946年。本书简化字版也由商务印书馆纳入《民国·比较法文丛》2012年出版。

它是中国近代唯一的一本以"比较法学"命名的著作,开了比较法总论专著之先河。

总体而言,民国时期的比较法研究,呈现出如下几个特点:第一,传统的法律比较与现代的比较法研究互相交叉;第二,比较法的发展与近代中国学习西方、模范列强的大背景息息相关;第三,受日本影响比较深,并在日本的引导下形成了中国近代的比较法(比较法学)学科;第四,比较宪法、比较刑法和比较民法等部门法的研究比较多,比较法总论性质的研究比较少;第五,比较法理论研究阙如,缺少比较法研究之概论性、总括性作品。在民国时期出版的40余部比较法著作中,总论性质的比较法著作只有上述龚钺所著的一部;第六,没有专门搞比较法的法学家,当时写有比较法的论著、对比较法研究作出贡献者基本上都是法理学、法史学或部门法学的学者,如梁启超、董康、程树德、杨鸿烈、吴经熊、王世杰、钱端升、王家驹、李祖荫、王宠惠、黄右昌、吴传颐、乐伟俊、朱志奋、许鹏飞、杨兆龙、白鹏飞和丘汉平等,没有一个纯粹搞比较法研究的学者;第七,对先进法律理念的崇尚和对先进法律制度的追求,成为贯穿于中国近代比较法研究中的一根主线。

1949年新中国建立以后,由于种种原因,比较法学一直不被重视,成为几乎被忘记的学科,20世纪50年代中国的法学杂志,如《政法研究》、《法学》、《政法译丛》等,极少刊登比较法方面的文章,即便是几篇刊登出来的文章,也往往以批判为主。这种局面持续了30年,直至1978年改革开放以后,比较法学才受到重视,获得了发展。1985年推出了龚祥瑞的《比较宪法与行政法》①,1986

---

① 法律出版社。

年，面世了上海市社会科学院法学研究所翻译的《各国宪政及民商法概要》（全6册）①，1987年又出版了沈宗灵的力作《比较法总论》②等。

20世纪80年代后期以来，在学界的努力下，我国的比较法学开始了较为迅速的发展。1988年，中国社会科学院法学研究所成立了比较法研究室，同年中国政法大学也成立了比较法研究所。之后，北京大学、华东政法学院、苏州大学、西南政法学院等，也都成立了比较法研究机构。1990年10月，中国法学会成立了比较法研究分会，沈宗灵、江平和刘兆兴依次出任了会长。自1979年北京大学创办《国外法学》之后，1987年中国政法大学创办了《比较法研究》，进一步推动了比较法研究的发展。比较法研究的著作和论文不断面世，优秀学者辈出，比较法学成为了我国法学领域中的一个重要学科。

改革开放30多年来，我国的比较法学虽然取得了长足的进步，但还存在着一些不足，除了高水平的作品还不多，研究队伍还比较弱小，政府和学界对它还没有足够重视之外，我们对历史上尤其是民国时期比较法研究成果的梳理、分析、继承和发扬光大方面，还做得非常不够，这不能不说是一个重要的遗憾。为此，在商务印书馆领导于殿利和政法室主任王兰萍，以及中国政法大学图书馆馆长曾尔恕的策划和鼓励下，我们从民国时期出版的40余种比较法著作中，精心挑选了一部分，陆续整理、勘校、解读后，予以重新出版。

---

① 法律出版社。
② 北京大学出版社。

在《民国·比较法文丛》整理、勘校和出版过程中,除了商务印书馆的全力支持之外,国家重点学科华东政法大学法律史研究中心、上海市社科重点研究基地华东政法大学外国法与比较法研究院对本丛书给予了项目经费资助,中国政法大学图书馆则为本丛书提供了原始版本。此外,我们还得到了各位勘校者以及相关专家的支持和帮助,对此,均表示我们诚挚的谢意。当然,对于丛书中出现的各种问题或缺陷,则完全由我们承担责任,也希望广大读者谅解,并批评、指正。

何勤华

于华东政法大学

外国法与比较法研究院

2012 年 10 月 1 日

凡 例

一、"民国比较法文丛"收录1949年以前法律学术体系中比较法研究的重点著作,尤以部门比较法居多。入选著作以名著为主,亦酌量选录名篇合集。

二、入选著作内容、编次一仍其旧,唯各书卷首冠以作者照片、手迹等。卷末附作者学术年表和题解文章,诚邀专家学者撰写而成,意在介绍作者学术成就、著作成书背景、学术价值及版本流变等情况。

三、入选著作率以原刊或作者修订、校阅本为底本,参校他本,正其讹误。前人引书,时有省略更改,倘不失原意,则不以原书文字改动引文;如确需校改,则出脚注说明版本依据,以"编者注"或"校者注"形式说明。

四、作者自有其文字风格,各时代均有其语言习惯,故不按现行用法、写法及表现手法改动原文;原书专名(人名、地名、术语)及译名与今不统一者,亦不作改动。如确系作者笔误、排印舛误、数据计算与外文拼写错误等,则予径改。

五、原书为直排繁体,除个别特殊情况,均改作横排简体。其中原书无标点或仅有简单断句者,一律改为新式标点,专名号从略。

六、原书篇后注原则上移作脚注,双行夹注改为单行夹注。文献著录则从其原貌,稍加统一。

七、原书因年代久远而字迹模糊或纸页残缺者,据所缺字数用"□"表示;字数难以确定者,则用"(下缺)"表示。

目　　录

第一编　绪论

第一章　概说 …………………………………………… 3
　第一节　研究法律学的方法 …………………………… 3
　第二节　比较法学的重要性 …………………………… 5
　第三节　研究比较法学的方法 ………………………… 7

第二章　各国刑法的系统 ……………………………… 10

第三章　古代民族刑法概述 …………………………… 13
　第一节　埃及刑法 ……………………………………… 14
　第二节　西伯来刑法 …………………………………… 17
　第三节　印度刑法 ……………………………………… 24
　第四节　希腊刑法 ……………………………………… 30
　第五节　罗马刑法 ……………………………………… 34

第四章　刑法之沿革 …………………………………… 41

第五章　各国之现行刑法 ……………………………… 49
　（一）英国　（二）美国　（三）墨西哥　（四）法国　（五）西班牙
　（六）葡萄牙　（七）瑞士　（八）比利时　（九）卢森堡　（十）荷兰
　（十一）瑞典　（十二）挪威　（十三）丹麦　（十四）罗马尼亚　（十五）奥大利　（十六）爱斯郎德　（十七）芬兰　（十八）爱斯多利亚

目 录

(十九)雷多利亚 (二十)立陶琬 (二十一)波兰 (二十二)德国 (二十三)匈牙利 (二十四)巨克斯拉夫 (二十五)捷克斯拉夫 (二十六)意大利 (二十七)希腊 (二十八)土耳其 (二十九)保加利亚 (三十)亚拉伯 (三十一)苏俄 (三十二)埃及 (三十三)日本 (三十四)韩国 (三十五)暹罗 (三十六)阿根廷 (三十七)乌拉圭 (三十八)巴西 (三十九)智利 (四十)玻利菲亚 (四十一)秘鲁 (四十二)厄哥多尔 (四十三)哥伦比亚 (四十四)委内瑞辣 (四十五)哥推马那 (四十六)巴拿马 (四十七)高士特尼加 (四十八)古巴 (四十九)圣玛郎

第二编 总论

第一章 法例 ························ 75
  第一节 罪刑法定 ···················· 75
  第二节 刑法关于时的效力 ············ 78
  第三节 刑法关于地的效力 ············ 82
  第四节 刑法关于人的效力 ············ 86
  第五节 法人之刑事责任 ·············· 88
第二章 刑事责任 ···················· 90
  第一节 故意 ························ 90
  第二节 过失 ························ 91
  第三节 错误 ························ 95
  第四节 责任年龄 ···················· 97
  第五节 心神丧失及耗弱 ·············· 101
  第六节 酗酒 ························ 104
  第七节 喑哑 ························ 106

第八节	依法律之行为	107
第九节	奉长官命令之行为	109
第十节	正当业务之行为	111
第十一节	紧急避难	111
第十二节	正当防卫	114

第三章 未遂罪 … 118

- 第一节 未遂之观念 … 118
- 第二节 未遂之种类 … 119
- 第三节 未遂罪之科刑 … 120
- 第四节 不能犯 … 122
- 第五节 中止犯 … 123

第四章 共犯 … 125

- 第一节 共犯之史的说明及其学说 … 125
- 第二节 各国共犯之制度 … 127
- 第三节 共犯之处罚 … 135

第五章 刑及保安处分 … 139

- 第一节 概说 … 139
- 第二节 刑罚 … 143
- 第三节 保安处分 … 169

第六章 累犯 … 178

第七章 数罪竞合 … 184

- 第一节 竞合罪构成的条件 … 184
- 第二节 数罪竞合之种类 … 186
- 第三节 竞合罪之科刑 … 187

目录

第八章　刑之酌科 …………………………………… 190

第九章　缓刑 ………………………………………… 193

　第一节　缓刑制之演进 …………………………… 193

　第二节　缓刑权及其制度 ………………………… 195

　第三节　缓刑的条件 ……………………………… 196

　第四节　缓刑的期限 ……………………………… 198

　第五节　缓刑的效果 ……………………………… 199

第十章　假释 ………………………………………… 200

第十一章　时效 ……………………………………… 206

新旧译名对照表 ……………………………………… 212

许鹏飞先生学术年表 ………………………… 孟红　217

在诠释与理论间求索

　——许鹏飞先生的比较刑法学贡献 ……… 孟红　220

编后记 ………………………………………………… 239

第一编 绪论

第一章　概说

第一节　研究法律学的方法

历来研究法学的人,各因立场和所欲获得的结果的不同,以致研究的对象虽一致是法律,而研究的方法可就大不相同,在法理学上并因此形成了所谓分析学派、历史学派、哲学派、社会学派和比较学派等,兹将各派研究的方法,大略地说明于下,那么,比较刑法的意义,也就可以明了了。

(一)分析学派。这派学者以"现实法"(Droit positif)做研究的范围,分析其组织的成分,以求获得对于现实法的通性的认识。① 这种研究法在实用上确有其重要性,目前学校里法学的研究,多半是用这种方法。

(二)历史学派。用历史学的方法去研究法学,以认识法律内

---

① 这种研究的方法,由意大利法学家波罗雷(Bologne)所领导的注释学派(glossateurs)最初适用;当时(十二世纪)不过是用以研究罗马法;后来英国法学家黑石(W. Blackstone,1723—1780)所著的《英法释义》(Commentaries on the laws of England)和奥斯丁(J. Austin,1790—1859)所著的《法学范围论》(The Province of Jurisprudence Determined)两书相继问世,都是认为法律学,就是现实法学,于是,在法学上就是所谓"分析学派"(Analytical school)。

容的动态,叫做历史学派。这派学者认为法律是历史的产物,循着历史的途径发达,而不是一成不变的静的现象,所以要认识法律的通性,决不是仅分析现实法组织的成分,能够得着结果,而必须用历史学的方法去认识法律的动态,这种理论是否绝对可信,①此地可以不论,然其能从此造成研究法律史的空气,对于法学的贡献的功绩,总是不可磨灭的。

（三）哲学派。这派学者的思想,并不一致,还有纯哲学派、自然法派、社会哲学派等区别,不过他们研究的方法是相同的,就是着眼于法律的伦理基础,不问法律的形式,预设理想法律的标准,以批评现实法学,用这种方法去寻求法律的伦理,固然是极其恰当,不过说到现实法或者说法学的整体,则未免有忽略了法律的空间性和时间性的缺点②。

（四）社会学派。社会学派的学者认为法律是社会的法则,法律的现象,就是社会现象,所以要认识法律现象,就应当用社会学的方法去研究法律,这种方法使法学能与社会学而并为一谈,不致产生法律生活和事实生活各走一端的怪现象,这不能不说是实证哲学倡导者孔德(A. Comte,1798—1857)所给予人类一种无价的财产。

（五）比较学派。这派学者认为法律是历史的、地理的和人种的产物,所以必须从地理上、人种上以及历史上比较各国法律所以

---

① 历史学派(Historical school)的倡导者是德国的沙威稜(Savigny,1779—1861),他认为法律是民族历来精神的表现,渐渐变迁,与民族同生同长同亡;这种理论后受近代权威学者耶林格(Jhering,1818—1892)的非难。耶氏反对认法律为无意识的历史产物的理论,而倡法律为有意识的目的律的产物说。

② 请参看方孝岳编《大陆近代法律思想小史》第2页。

异同的理由,然后再以科学的方法加以归纳,才能认识法律的整体,而推测其将来的趋势。

上述五种方法,都是研究法学的方法,不过以法学范围之广大和复杂,若专以一种或二种方法去从事于法学的追求,终不易窥法学之全豹,所以最好是同时并进,则不特可以知道法律的伦理的基础(哲学的方法),洞悉其静态(分析方法)和动态(历史的方法),更可使法律社会化(社会学的方法),及获得各国法制异同的理由(比较的方法),而观察其前途的变化,殊不致有一知半解之讥。

第二节 比较法学的重要性

孙晓楼君说,用比较的方法去研究法学的重要,约有四点,一是"无论立法司法,要考求其法律应有之态度而谋如何改善之道,则非将世界各国的法律作一比较研究不可,在此研究的结果,斟酌损益,拾彼之长,补我之短,而后法律乃渐臻美备"。二是"吾国受不平等条约的束缚,外人借口于我国法律之不合世情,而不肯放弃其在华之领事裁判权,是吾人于各国法律更当有彻底之了解,以谋法之改善,而免为外人借口"。三是"一国法律之制定,决非完全根据本地之风俗习惯道德宗教可以成功,其于外国法之采取,亦为不可少的事实。……故吾人欲创制新法,决不可以闭门造车,不顾世界法律的趋势"。四是"以固定之法律,应付多变之社会,在法律或惯例发生穷困时,自不能不赖法理以为救济,……所谓法理必于国内社会风俗习惯有详细研究之外,于世界各国法律之趋势与背景,作比较之研究"。①

其实比较法学的重要性,除了上述诸点外,还有更重要的目的,而为人类所不可忽略的,这就是法律的"力学"(Dynamique)或者说法律的"因素"(facteur)的认识,非用比较的研究法不可;而法律的因素的认识,才可以说是认识了法学的整体,否则认识法律的静态、动态、伦理、甚至于以社会学的眼光求法律的适合,也不会明了法律之所以有动静的形态和伦理的基础,更无以促进社会学方法的适用,比较法学之所以见重于近代者,其原因实在于此。

所谓法律的因素,据不鲁日大学教授披卡尔(E. Picard)意思②,就是人种、地理的性质和强度,它们同时发生合作用(Synergie),而产生了各种民族不同的国法,这像植物一样,在地质和气候各异的环境里,纵然种子相同,结的果子,就未必相同;至因素的种类,据披氏说约有人种(La race)、地域(Le milieu)、外国人的移入(L'intrusion étrangère)③、仿效(L'imitation)④、法律的隔世遗传(L'atavisme juridique)⑤、大法学家(Les grands jurisconsultes)、培养作用(Le progénisme)⑥、法律的技术(La technique juridique)、人口的密

---

① 见孙晓楼作《近代比较法学之重要》,登《法学杂志》第六卷第六期。
② 请参看 E. Picard, Le droit pur, p. 236—273。
③ 外国的移入,无论是和平的移民抑或是武力的占领,对于本国的法律,都会发生重大的影响,在和平的方法,风俗习惯宗教语言以及法律的观念,都可以间接的使本国的法律发生变化,若是武力的侵入,更是根本就改用侵入者的法律,这在历史上日耳曼人之侵入哥尔(Gaules)和法国人之侵入比利时都是极其显著的例子。
④ 法国法学家达尔特(Tarde)所著的《模仿律》(Les lois de l'imitation, p. 15)里面说,模仿是社会构成的一个要素,一切风俗习惯道德法律都是依模仿而进行;这几乎在任何国家的法律里都有这种因素的。
⑤ 隔世遗传的理论自郎卜鲁梭确认以后,生理上这种现象的承认,已经是不可争的事实,那么,建筑于人性上的法律之受这种影响,当然是解释上自然的结果。
⑥ progénisme 这个字,是披卡尔创造的,说明一种现象在没有遇相当条件的时候,只能走自然进化的途径,若遇着了有相当的条件,它会起重大的变化,而促成革命的实现。

度(La densité de la population)、社会强力合作(La solidarité descrces socialès)十种,这还是只就显著的因素说,其他还不知有多少的动力,在推动法律或者说在组织法律呢!

就说这十种因素,不用比较的研究法,还能认识么?举个极浅近的例子来说,我国新刑法规定刑事未成年人的年龄是十四岁(第十八条),而印度规定为七岁,相差竟如是之远,温带和热带地域支配法律的内容力量的伟大由此可见了!

所以说要认识法学的整体,非用比较的研究法不可。

第三节 研究比较法学的方法

比较研究法,虽然若是之重要,可是用这个方法去研究法学的,还是新近的事,因为在国际间交通尚未发达的时期,国与国之间关系较少,彼此法制的影响也不显著,就是学者想用这种研究法,事实上每有陷于不能的困难。到了十九世纪,交通已较前便利,国与国之关系渐形密切,立法事业多受别国的影响,兼之比较言语学逐渐发达,解除了事实上的困难,使学者得着不少的研究资料。所以在法国兰伯尔(Lambert)的《比较民法之功用》(Fonction de droit civil comparé)和洛甘(Roquin)的《比较民法之研究》(Traité de droit civil comparé)两书先后出版,完全以现时各开明国家的立法例做研究的对象,形成所谓"比较立法学"(La législation comparée),而以1869年设在巴黎的比较立法学会(Société de législation comparée)做供给材料的总机关。我们看该会会章第二条"本会以研究各国的

第一编　绪论

法律,寻求改良各种立法的实用方法为目的"①的规定,可以知道他们是以国家的立法,做比较的单位,专为达到改良立法的目的。这自然是对的,不过这种国别比较法用之于以求获得对于法律因素的认识,则未免有所不足,譬如古代未开化民族的法制,不能说是完全绝迹于近代法的成分中,若是我们不溯源于过去,而仅以现在的法制,做研究的对象,则对于法的趋势,自然不能完全明了,而且近代国家往往有一国之内数法并存的事实,若完全以国别比较法去研究,也自然不大适当,所以又有人种比较的研究法的适用。

人种比较法由德国学者巴可芬(Bachofen,1815—1887)所提倡,他所著的《母权论》(Mutterrecht)就提示出这种研究方法的重要性,继后又有郭拉(Kohler)完成这种方法的适用,他们以为用这种方法,不特可以认识法律的最大因素——人种,而且由此去考究法制的起源,和先史民族的状态,而证明人类的通性的所在;从这方面说,这种研究法自然是极好,不过对于现实法未免忽略了点,结果就是减少对立法现势认识程度,同时也就不足以作为补助立法的进行,所以这种研究法,也不算是尽善的。

还有一种研究法,是由日本学者穗积陈重所倡导的,叫做法系比较法,他以为任何国家法律构成的原素,不外两种,一是固有法,一是继承法,固有法是基于本国固有的风俗习惯编纂而成的,继承法是仿自他国的法律,那么只要把互相仿效的国家的法律合成一系,再与其他的法律系统作比较的研究,就可以看出其异同原因之

---

① 原文是"Elle a pour objet l'étude des lois des differents pays et la recherche des moyens pratioues d'améliorer les diverses branches de la législation"。

所在了。这种方法初看去以为是简而赅宜于适用,其实也有一极大的缺点,即忽略固有法之地位,而不能观各国法制之全豹。

综合上述三种方法去看,我们以为仅用第一法,只能知各国法制的现势,仅用第二方法,虽然能够明了法制的渊源,究竟忽视了现社会的任务,再若是仅用第三法,则各国固有法的情态,更无从认识,所以必须兼用三者才能无孔不入而窥法律学之堂奥。

本书固以刑法为研究的对象,而方法则亦拟三者兼用,然作者所学甚浅,兼之既限于时间,复因于材料,结果恐难于所愿,读者若能不吝赐正,则正符作者抛砖引玉之微意矣。

第二章 各国刑法的系统

各国刑法，虽说都受模仿律的支配，而有承继法的存在，可以把它们分成若干系，不过各国因地理及历史的不同，固有的风俗习惯仍复保留其间，而且学者们区分法律系统又多不一致，有多至分世界法为十六系统者，①最少的是分做两系，所以此地要严格区分各国的法律系统，实在不是件容易的事，兹仅就大多数学者的意见略举几个说明于下：

（一）日本穗积陈重博士曾提出一法律系统于 1904 年在美国开会的万国学会，他认为世界的主要法律，可以分做七个大系统，即中国法系、印度法系、回回法系、罗马法系、英吉利法系、日耳曼法系和斯拉夫法系。② 这种区分法，在历史上固然是很恰当，但是用做规划各国的现行刑法，则不大容易，譬如说直接承受日耳曼法系的德国现刑法，谁也知已有不少罗马法系的成分；印度法系的所在地，更明显的遭英吉利法的侵入；再说中国刑法，在海禁未开之前，本已发达，实在是一个有特殊性和独立性的法律系统，然而，自清末变法以来，早已袭用罗马法的成规，而放弃固有的立场，总之，这种偏重于历史观念的区分法，在研究各国的现实法时，实不能算

---

① 譬如美国学者 Wigmore 所著 A Panorama of the World's Legal Systems 就是这样主张的。
② 见穗积陈重著《法理学大纲》（李鹤鸣译）第 72 页。

是一种完备的方法。

（二）法国近代刑法学家加洛（Garraud）氏区分世界的法律为五个大系统，即英吉利法系、罗马法系、日耳曼法系、斯拉夫法系和中国法系。① 这样区分在解释现今各国的法律系统，较之于穗积陈重氏的区分法，自然比较合理些，然而还是不能免除缺点，因为加氏既不承认回回法系和印度法系的存在，是显示他并不偏重于历史的观念，而从现实法着眼，认为都已归并于罗马法系和英吉利法系范围之内，则日耳曼法系、斯拉夫法系和中国法系等，又何一不已经成为罗马法系的势力范围，所以这种区分也不为大多数学者所采用。

（三）此外最简当、最明显而实用、最普遍的区分法，就是把世界刑法区分做罗马法系和英吉利法系两大系统，因为观察现今任何国家的刑法，其间虽有仍保存其特殊习惯的，但是大体上不是仿自罗马法就是出自英国法，而尤以罗马法系占有莫大的权威。这种现象，自从十一世纪在意大利首创注释学派以后，复兴罗马法律的风气，已经就弥漫于大陆各国。到了十八世纪，刑法典编纂（Codification du droit pénal）的运动，更像山洪暴发，各国无不仰从，而精密全备的罗马刑法，遂成了各国立法者的金圭玉臬；这种大变化的构成，法国法学家达尔德（Tarde）以为不可忽略人是富于模仿性的动物的原素，②固然极有见地，而近代交通的发达，也不失为是主要原因之一。

再以目前情势而论，则罗马法不特是欧洲大陆诸国法典的渊源，就是以刑法发达最早见称的我国，亦多采用大陆法系的法例，

---

① 见 R. Garraud, Traité théorique et pratique droit pénal français, t. ler p. 180。
② 请参看 Tarde, Transformation du droit。

其余像东方的日本、暹罗和新兴的土耳其等国的刑法,更无待论,是受了罗马法的支配。至于德国本是日耳曼法系的国家,苏俄更是斯拉夫法系的祖国,而其现刑法亦多受罗马法的影响,无怪乎日本学者平野义太郎要说"罗马虽然灭亡了,而罗马法则不与罗马同归于亡,不但不亡,且又繁昌起,近世法律,由一切意义观之,都是罗马法的更生、罗马法的延长"。① 而耶林格(Jhering)更说罗马曾三次统一世界:当其盛时,以威武征服世界,统一国土;帝国瓦解后,以宗教征服世界,统一信仰;中古以后又以法律征服世界,统一全世界的法律;②这样推崇备至,可见罗马法所给予各国刑法影响的程度了。

可是当罗马法征服大陆诸国,刑法典编纂的风气,充满各国的时候,独英国仍昂然守不成文法的旧例,没有什么大变更,而且能够推行到北美、澳洲和印度等殖民地,这不能不算是一种奇迹,或许是因为英国人富于保守性,只愿有法律的进化,而不愿有法律的革命吧。法国学者波利洋(Paulien)讥英人禁止外国思想入口,固然是言之未免太过,可是最少由此可以说明英国法律之所以能够维持独立的系统的一部分原因。不过若说英国刑法绝对不受罗马法任何影响,那也未必尽然,譬如说英国有时因事实的需要,本国又素无旧例可以援用,那么引用罗马刑法的法意的事,总是事理所必然的,所以只能说英国较大陆诸国采用罗马法的成例要少些,又没编纂刑法典,在大体上说,是可以独成一系的。

---

① 见平野义太郎著《法律学与阶级斗争》(萨孟武译)第 61 页。
② 见 L'esprit du droit romain. par Jhering, traduit par Meulenaere。

第三章 古代民族刑法概述

研究古代民族刑法的目的,在社会学方面,可观察人类文化的演进,可以明了历代文化的程度,因为"刑法的姿态,足以反映出民族的精神";①在整个法律的观点上说,从此可以看出古代民族秩序的调和性,换句话说,就是古代民族是怎样努力于调和社会的安宁和个人的自由,或者可以说,古代统治阶级是怎样把个人的自由融合在统治命运之下;最后,我们从刑法本身说,研究古代民族刑法的目的,是在于知道现代刑法之何以形成现在的局面和推测它的将来了。

固然,说到古代法,中华法系在世界法律系统中,总算得是发达最早的一个主干,尤其是刑法,占着历史上极重要的地位;可是,就现在的情形说,现刑法里究竟保留了若干固有的成分?就说由大清律蜕变过来的暂行新刑律吧,又何尝不是由日本转手,从法国刑法里因袭了些成分进来?我国如是,那么,其他历史尚浅的国家,自然更是脱不了继承法的性质。

近代法学家常说"罗马法征服了世界",这句话若果不是十分错误的话,那么,我们可以说现代任何国家的刑法,没有不受罗马法影响的,所以要考究古代刑法,不能不把罗马刑法做中心去观察;

---

① 请参看 Histoire du droit criminel des peuples anciens, Par Albert du Boys, 1845, pp. 1—10。

不过要知道罗马法的真谛,还得从希腊刑法着手,因为罗马人对于哲学的思想,究竟肤浅些,所以当时像山西龙(Céciron)等大法学家都去求教于希腊的大哲学家,以充实罗马法哲学的原子;而希腊文艺之所以能像火炬那样照耀于全世界,还得益于东方的民族,尤其是埃及、西伯来(Hebreux)以及印度,因此,本章就依着这个程序,对埃及、西伯来、印度、希腊和罗马的刑法,做一个简略的概述。

第一节 埃及刑法

分析古代国家的主权,大略有"家族权"(le pouvoir domestique)、"政权"(le pouvoir civil)和"神权"(le pouvoir réligieux)三种,埃及在立国之初,这三种权力,是同归于"保护者"(patriarche)之一身,他是人民的父亲,是人民的君主,同时又是人民的大祭司,所谓司法,无非是这种神圣权力的附带的作用。

当时的法庭,完全由这位保护者单独组织,自然不用有什么特别的所在,无非是在保护者的家里,因为刑事裁判的事务和保护者的家务,是没有什么分别的;也没有成文法,保护者个人的意思,就是裁判的根据,所以近代的"法无明文不罪"的原则,是不存在的,可是他的判决是具有绝对性,而会严厉的执行,决没有不服的事①。

那时的罪名,没有现在这样复杂,这是由于组织简单,刑法除了保护保护者的家族权、政权和神权外,事实上没有规定许多罪名的必要;罪名最重的要算破坏家庭组织的奸非罪,譬如《圣经》里就

---

① 见 Albert du Boys 著前书第 12 页。

有:"有人告诉犹大(Juda)说,你的儿妇他妈(Thamar)作了妓女,且因行淫有了身孕,犹大说拉出她来,把她烧了"的记载;①和奸罪要处火刑,刑罚的严酷,如此可见了。

后来为着人口发达,统治者方面更非扩充神的观念,不足以实施统治的权力,所以,"每天,君主都要对神祷告,犯罪者和被害人就靠着祷告台,静听大祭司宣传君主的仁德,对神的诚信,和对民的慈爱,而是正义的代表,虚伪的敌人。"②此外,在十九世纪还发现了石刻的"天之书记在正义的和诚实的大厅里"(Secrétaire des dieux grands dans la salle de justice et de verité)的横匾,这些都无非是统治的方法,那在旁静听的被害人,自然是由衷感激,就在犯罪者,也会死而无怨,一般人更是因此而心悦诚服了,当日君王统治的本领和苦心,固然是如此可见,而刑法在古代社会的任务,也不难想见了。

同样,为着人口的发达,成文法也渐形必要,所以在 Isis 时代,就有成文法的产生,她是女性,而握着了神、政、家三个大权,Diodore 的史书上曾记载她制订法律的言论,说,"我是世界上的皇后,我由 Hermé 所创造,我制订的法律,谁也不能毁灭。"③

这部法律现在固然是完全散失了,无法知道其内容,不过关于刑罪的大略情形,是可以间接知道的:

(1)刑罚是极其惨酷,这点只要看那时遗留下的艺术品,就可以知道。④

---

① 见《创世记》第三十八章第二十四节。
② 见 Diodore de Sicile, Bibliotheque historique, liv. Ier Chap. LXX。
③ 见前书 liv. Ier, Chap. XXVII。
④ 在 Medinet-abon 城的纪念物上,有许多囚犯,被大祭司用长戈刺穿腹部,在爱美院(temple d'Emé)的天花板上绘着大祭司们用三十把大刀,去分切九个犯罪人的身体等。

(2)死刑除了艺术品上所留下的遗迹外,还有鸟食和火刑两种,前者像《创世记》第四十一章第十九节所记载,"三天之内,法老必斩断你的头,把你挂在木头上,必有飞鸟来吃你身上的肉",这似乎是对叛逆罪的刑罚,所谓叛逆,在当时无非是得罪了法老,后者,是以草裹身,放火烧死,那是对弑亲罪和背誓罪所用的刑罚。

从这两种极严酷的刑罚推想,似乎可以说明埃及社会的情况,是怎样尊崇君父神的观念,因为不是这样,就不容易维持他们的统治权,而父母的尊严,也无非是维持统治权之一助力,所谓伦理观念,那还是以后才有的;背誓行为,乃得罪于天,自然是要严厉地处罚,才显得统治者真是神的代理人,而非服从不可。

(3)身体刑有割口刑、劓刑和杖三种,凡是妨害秘密、和奸等行为,是要受这些刑罚处罚的。

(4)财产刑有罚金和全部没收两种,凡是过失伤害神圣之牲畜(animal sacré)(假若是故意的说,那就构成背誓罪)以及遗弃尸体于礼拜堂前的行为,都该处罚金,实际就是对神赎罪,和近代的罚金刑,是不可相提并论的。至于全部没收,史家虽都承认在埃及适用过,但是在何种情形之下,才能适用,还是一个没有解决的谜。

(5)除了最高级的统治者,在刑法之前,是一律平等,无论何人犯罪,都没有因阶级之不同而歧视,这点在封建制度完全建立以后,才消灭的。

以上所说的,是埃及古代刑法大概的情形,详细的分析,在目前因为那时遗留下的文献无几,难免有断简残编的感觉,而且在中国寻找这方面的材料,更是极少,这种困难问题,还待将来考古学家的努力哩!

第二节　西伯来刑法

西伯来刑法的内容,因为遗留的文献比较多些,所以我们知道的情形也比较的详细些。

大约是在耶稣降生前十七世纪,西伯来人不堪埃及的压迫和虐待,而由摩西(Moïse)率领,离开埃及,越红海,以进取赫人、亚摩利人、比利人、希未人、耶布斯人的领土,渐图组织个民族意识的国家,因此立法定制,就成了刻不容缓的事,于是,就有所谓《摩西法典》(Lois de Moïse)①的产生,其实这里所谓法典不过是由摩西口授,要民众遵守的几条极简单的命令,②继后陆续因需要而发布命令,即构成《旧约》的前五书(Pentatenque),③这就是西伯来法重要

---

① Lois de Moïse 亦称《摩西十诫》,在人类文化史上,实有伟大的价值,其内容如下:
(1)不可敬奉别神。
(2)不可为自己雕刻偶像,上天下地,及水中百物,不可雕刻其像;不可礼拜其像,亦不得事奉之,因予即汝等之上帝,是忌邪之上帝,怨惧予者,予必罚其罪,西延及于三四世之子孙,敬爱予而遵守予之诫命者,予必加恩,千秋罔替。
(3)不可妄呼汝上帝耶和华之名;否则断无不罚。
(4)不可于安息日工作。
(5)宜孝敬父母,使汝可在予所赐之地延长其寿。
(6)不可杀人。
(7)不可奸淫。
(8)不可偷窃。
(9)不可作伪证以伤害他人。
(10)不可贪慕人妻及其奴婢、牛驴并他一切所有物。
② 譬如《申命记》第三十一章第十一节"摩西吩咐他们,要将这律法念给他们听,谨守遵行这律法的一切话"。
③ 即《创世记》、《出埃及记》、《利未记》、《民数记》、《申命记》。

的文献,此后在纪元后,又有所谓 Talmud——第二法典——成立,西伯来法典才算是全部完成;Talmud 编纂的时期据巴斯拉施(Basnage)的意思大概是成于纪元后一百八十年,①不过大多数学者根据印刷术的发明的时期,认定这部"第二法典"是成于五世纪末的;②在 Talmud 里,分做 Mischna 和 Gemara 两大编,前编是成于 Juda Hakkdosch 之手,内容又分为播种(Des semences)、节期(Des fêtes)、妇女(Des femmes)、损害(Des dommages)、祭祀(Des sacrifices)和提净(Des purifications)六节,后者是前编的追补,这两编的内容不外记载"指导的规则"(halachah)和叙述"历史的经过"(agadah),在目前,这部"第二法典"已是犹太教最神圣的书籍,也就是研究西伯来刑法最主要的材料。

就上述文献考察,西伯来法之最易使人注目的,自然是极端的宗教色彩,甚且近于怪诞的程度,其实这是古代任何民族法律所必须有的态度,因为在民智未开时,对于自然的现象,既不能理解,自无力控制,难免为自然所征服,迷信心理自然就会发生,于是想做领袖的人,要能总揽一切,维持自己的威位,只有借助于一般人不能理解的自然现象,而名之曰"神"(Dieux),作为控制一般人心理的工具,尤其是摩西平日既非社会上重心的人物,要想取得一般人的信仰,跟随他去冒极大的危险,脱离埃及的压迫,是更非如此不可,这只要看摩西叫百姓看上帝临降和他说话的故事,③就很可明

---

① 见 Basnage, Histoire des Juifs, liv. Ⅲ, chap. 3, § 5。
② 见 Thonissen, Etudes sur l'histoire du droit criminel des peuples anciens, t. Ⅰ, p. 189。
③ 见《出埃及记》第十九章第九节至第二十五节。

了当时摩西利用神权来实现民族思想的苦处。

除了上述神权的原则以外，以下我们再根据 Talmud 书中的 Mischna 编，将西伯来刑法所规定的刑名，刑之执行，和刑之消灭等，分别叙述如下：

(一)刑名

Mischna 记载西伯来人的刑名共有七种：

(1)死刑。死刑有石击刑(la lapidation)、火刑(le feu)、斩刑(la decapitation)、绞刑(l'étranglement)四等：

石击刑是刑罚中最重的一种，Mischna 上记载适用石击刑的行为，共有十七个罪名：(一)与母亲通奸罪(qui rem habet cum matre)；(二)与父的配偶通奸罪(cum uxore patrie)；(三)与儿媳通奸罪(cum nurn)；(四)同性相奸罪(cum mare)；(五)与已订婚之少女通奸罪(cum puella desponsata)；(六)兽奸罪(cum bestia)；(七)已婚妇女与驮兽交之罪(mulier quce jumentum admittit)；(八)偶像崇拜罪(blasphémus)；(九)将小孩子寄名于摩罗施神罪(qui dedit ex semime suo molocho)；(十)施行邪术罪(pythomantis)；(十一)巫卜的行为罪(hariolus)；(十二)劝人拜偶像罪(idololatria)；(十三)背教罪(qui ad apostasiam impellit)；(十四)魔术惑众罪(magus)；(十五)不守安息日的罪(profanator sabbati)；(十六)咒骂父母之罪；(十七)违犯亲长命令罪(filius degener et rebellis)。此外，在《旧约》里还记载了一个罪名，就是女孩出嫁前，在父亲家里失去了贞操的行为，也是要处石击刑的①。

---

① 见《申命记》第二十二章第十三节至第二十一节。

其次,凡是与自己的女儿、孙女、妻子的女儿或孙女、岳母、岳母的母亲或者岳父的母亲等为通奸的行为,都处火刑。①

再次,故意杀人罪和居留于耶和华上帝所抛弃的地方罪,是要被处斩刑的。

最轻的死刑要算绞刑,适用这种刑罚的罪名有:法官拒绝服从最高法庭的命令的罪,伪预言罪,以偶像之名称为预言的罪,和奸罪,引诱祭司之女罪,诬告祭司之女无贞操之罪,窃盗西伯来人子孙的财物罪,殴打西伯来人父母的罪等八种。

(2)剪除刑(Kerith)②。这种刑罚的性质有从刑和主刑两种:凡是剪除犯罪人的灵魂于犹太领域之外的,是上述死刑的从刑,而与巫术师来往的、③不在法律所指定的地点为祭祀的行为、④意图实施于自己或他人而伪造圣油、⑤伪造圣香罪、⑥偷食或以不洁之物为和平的祭品罪、⑦不洁入圣堂罪、⑧等宗教上的不敬行为,以及在经期中与妻为性交之行为、⑨娶两姊妹为妻、⑩与姨妹通奸⑪或与婶母

---

① 据 Mischna 记载应处火刑的罪有:1. filia sacerdotis scortata;2. concumbeus cum filia sua;3. cum nepte ex filia;4. cum nexpte ex filia;5. cum uxoris filia;6. cum uxoris nepte ex filia ejus;7. cum nepte ex filia ejus;8. cum sorcru sua;9. cum socrus matre;10. cum matre soceri。

② Kerith 刑是宣告犯罪死亡,事实上并不执行死刑,被宣告人在社会上、在法律上的效力与死亡相等,这和法国昔时刑法上的"法律上之死亡"(mort civile)相同。

③ 见《利未记》第二十章第六节。

④ 见《利未记》第十七章第九节。

⑤ 见《出埃及记》第三十章第三十三节。

⑥ 见前记同章三十八节。

⑦ 见《利未记》第七章第二十节。

⑧ 见《民数记》第十九章第十三节。

⑨ 见《利未记》第十八章第十九节。

⑩ 见前记同章第十八节。

⑪ 见前记同章第十一节第二十九节。

舅母相奸①等罪,都要以剪除刑做主刑而宣告。

（3）反坐刑(la poine du talion)。这是对于伤害罪和伪证罪而设的刑罚,其内容以公平为原则;所以"以命偿命,以眼还眼,以牙还牙,以手还手,以脚还脚,……以打还打。"②而伪证罪就处以刑事被告人的刑罚,此外在 Mischna 还规定准许以金钱赔偿其所损失的价值的五倍,因为凡是伤害行为,被害人就有五种损失:即肉体伤害(neseq)、痛苦(tsaar)、医药费(rippui)、怠工(schebeth)和侮辱(boscheth)五种。

（4）体刑。除了反坐刑以外,在西伯来刑法还有两种体刑:一是断肢刑,另一是鞭刑。断肢刑在《旧约前五书》里,仅提到一次,③适用的范围,大概极少;至于鞭刑的适用,摩西法规定了两个罪名,就是与已婚的奴隶通奸和诬指己妻为非处女的行为。

（5）自由刑。西伯来初期刑法是否有自由刑的规定,目前尚成疑问,一般学者虽都因为《旧约前五书》曾有记载,④大半主张自由刑的存在,不过据杜利生氏(Thonissen)的意思,以为《旧约》仅两次提到监禁,而语气好像是暂时拘禁,免得犯人逃走的性质,不能和刑罚相提并论,而且在长期游牧的状态中,要以监禁作为刑罚,事实上不可能。⑤ 这种意见,似乎比较可信。

（6）财产刑。财产刑有"动产之失去"(la perte de la propriére mobière)、"赎人之代价"(qofer)和"罚金"(onesch)三种:主人伤害奴隶,就要任奴隶(动产)自由;所有人之禽兽伤害别人,该禽兽即

---

① 见《利未记》第十八第十二节第十四节。
② 见《出埃及记》第二十二章第二十三节。
③ "若有二人争斗,这人的妻近前来,要救她丈夫脱离那打丈夫之人的手,抓住那人的下体,就要砍断妇人的手。"(《申命记》第二十五章第十一节)
④ 请参看《利未记》第二十四章第十二节及《民数记》第十五章第三十四节。
⑤ 见 Thonissen 前书第二卷第73页。

属于被害人;伤害胎儿,犯罪者要向孕妇的丈夫,赔偿胎儿的代价。窃盗罪和诱奸未婚妻罪是要处罚金的,前者数额是损害的一倍,后者就是五十个"西克尔"(sicles 西伯来钱币名),都归被害人领受,所以在西伯来刑法里的罚金,和近代民法上的损害赔偿相同,并没有刑罚的意味。

(7)送往避难市刑。凡是过失杀人的行为,在原则上是不免于报仇的,不过可送往避难市居住,犯罪人既入避难市,则任何人不能再行报仇。

(二)刑之执行

执行刑的方法,大略是这样:

(1)安息日和节日不能执行刑罚。

(2)执行死刑有一定的地域,而执行的人,大半就是犯罪的证人。

(3)鞭刑的执行,第一,要有判决,这就是说在未判决之前,不能适用鞭刑的,这与我国古代的刑讯,似乎不同;第二,执行时应当由承审的法官在场监督;第三,鞭数不可超过四十的最高额,法官在这个范围内,自然有酌量的全权;第四,鞭打的部位是背鞭打三分之二的数额,脊和前胸三分之一;此外若是犯两种鞭刑的罪,第二次鞭刑的执行,要在第一次伤痕完全消灭以后。

(三)刑的消灭

除了刑之执行完毕外,在西伯来刑法关于刑的消灭,还有两个原因:一是和解,另一是特赦。

和解并不是无限制的,凡是违反宗教和有害社会公共利益的犯罪,都不准当事人出钱和解,至于个人利益的犯罪,只要不是人命(故意或过失)的犯罪,都可以用和解的方法消灭刑罚的存在,这种制度自然是尊重当事人的意思,同时又和我国古训所谓"人命关天"的概念相合,在当时真不能不说是一个极合理的规定。

特赦的制度,是在君权确立以后才有的,在纪元前十一世纪道非(David)①曾特赦替柯亚(Tekoah)的儿子的杀人罪,②就是个例子。

综合上述各点,我们对于西伯来刑法,似乎可以得着下列几个概念:

(甲)所谓犯罪,虽然各方面的行为都有规定,然而最重要的还是宗教罪和妨害家庭罪两种,这只要看死刑的罪名就可知道了,其所以如此重视宗教的原因,我们若能透视崇拜一神之里因,再统一以色列人的信仰,激励其仇视异教,即以仇视异族之志气;③那么,与其说是神权的刑法,毋宁说是民族意识的刑法,宗教不过是被摩西利用做团结民族的幌子,所以背教罪和拜偶像罪都要处以死刑中最重的石击刑,至于妨害家庭罪更是严密社会组织所必然需要的条件,由游牧不定的生活,进而为农业的国家,不提倡伦理的观念,自然无法坚固社会的组织。

(乙)故意与过失的区分在近代刑法里,是刑事责任的基础,西伯来刑法就有这种区分的倾向,不能不算是法律思想发达的明证。

(丙)民刑划分不严,这只要看财产刑的领受者不是国家而是被害人,就可知道他们对于刑罚和损害赔偿的观念,没有什么不同的地方。

---

① David 是犹太王,即位于公元前 1055 年,卒于公元前 1014 年,以武功著称。

② Tekoah 是个寡妇,有两个儿子,他们兄弟互相斗殴,族中人既不为他们解纷,等到老大把老二打死了,族中人又要以老人犯杀人罪,要把他治死,所以这位寡妇就以族中人有意绝其后嗣做理由,请求王的帮助,而 David 就宣告赦免老大的杀人罪。(见 2 Rois, XIV, 5 et suiv.)

③ 见刘陆民氏作《西伯来法系初期立法之基本精神》,登《法学丛刊》第二卷第七八期合刊。

（丁）私人报复仍保有合法性，报复是人类的天性，同时也就是刑法的渊源，摩西虽然已经利用神的名义，想控制社会的一切，但还不能不任报复的执行；而反坐刑的适用，不过是在报复观念之上，再加上件公平的外衣，中世纪以后，所谓刑法以正义为基础的概念，或许就是渊源于此吧！

第三节　印度刑法

印度的命运真有点像中国，现在是极弱不堪，已经沦为别人的殖民地，可是在文化史上，确有无上的光荣，尤其是它负起了沟通世界文化总枢纽的使命，这种伟绩，我想研究文化史的人，总会承认吧。

原来印度古代商业就很发达，和波斯、埃及、中国的交通，则早在三千年以前，《旧约创世记》也提到过印度的商业，因此，它在欧亚间竟做了传播文化的媒介者，而《印度法典》之给予世界极大的影响，更是势所必然的事实，英国法学家 W. Jones 说："在一切立法者当中玛露（Manou）[①]总无疑的被认为是立法者的鼻祖，所有其他的法典，无非是抄袭他的，或者稍加修改以合于彼处人民的风俗习惯而实现，……玛露法颁布到现在，虽然已经有三千年，而它的权威，则还是和往日一样。"[②]那我们研究比较刑法的人，还能不注意这部最古的刑法吗？

[①] Manou 是印度古法的起草者。

[②] 见 William Jones 为 Loiseleur-Deslongchamps 所译的玛露法（Lois de Manou）的法文本的序文。

印度最古的一部法典，叫做《蔓拉发、打尔马、沙斯脱来》（Manava-Dharma-Sastra，即人类法典），其编纂的时期，一般学者都以为是在纪元前十二至十三世纪之间，唯德国著名的东方学者 Johaentgen 的意思，以为一般人未免言之太过，而以在纪元前五世纪为较可靠。①

该法典共分两部，上部规定刑罚权的渊源和限制以及证人事宜，下部规定罪与刑，总共有二千一百八十五"条"（slokas）。

在第一部开头就说："王是天的亲生子，牺牲其高贵的幸福，下界来维持人类的公平，以痛苦管人类，保护人类以消除人世界间的罪恶。"这段是说明刑罚的渊源，与摩西法典一样，都委之于神，这是古代任何刑法共同的颜色，而印度又是佛教的祖国，刑法之有神的色彩，自然较之于别国刑法更浓厚些，接着又说"王之放任有罪的人与处罚无辜，同是不公平的事，因为公平的痛苦，是载之于法律的"。②"王收了人民的税款，要是不保护人民，死后就立即要入地狱的。"③这是"法无明文不罚"的原则，同时又是刑罚权的限制，这种法治精神，就是在十九世纪的欧洲，也无过如是，而征税的事和保护人民，竟如同权利义务对等的规定，我们除了赞叹印度法的精密伟大外，更觉得近代文明真未免惭愧，政府在征税的时候，想到保护人民是自己的义务吗？尤其是我们的所谓五千年文化的古国；我对于这种印度古法的规定，只有佩服，只有羡慕，此外，还能说什么呢？！

---

① 见 Über des Gesetzbuch des Manu, von Johaentgen, p. 86。
② 见 Lois de Manou Ⅸ, 249。
③ 见 Lois de Manou Ⅷ, 307, 308。

"王不能以行为后的法律,去决定该行为的合法与否。"①这在印度古法,也是刑罚权的一种限制,若是以近代法学的眼光说,这就是"刑法不溯及既往"原则(Le principe de la non-rétroactivité)。

关于量刑的标准,玛露法有这样规定:"安宁秩序的维持,是在于科刑的得当,正如军队命运之依赖于将军的智慧一样,他应斟酌犯罪的时间、地域、性质、犯罪人的能力、外界的情形以及法律的规定,科以适当的刑罚。"②这些标准,以近代眼光看,虽然还有些缺点,可是在那时,我们还不能不佩服印度古法的全备呢!

审判的事务是由王亲自担任的,因为这是王最重要的责任,万一王不能审问,则由一位波罗门人和三位佐理(军人或商人)共同审理。③

印度人极其重视证言,所以玛露法关于这种规定,非常详细,在审判的时候,王应当极和蔼地对证人说:"请诚实地讲你关于这件事所知道的,因为你已经获得了证人的地位,诚实的证言,在世界上是可以获得赞扬,若是伪证的话,那你死后就会在'海龙王'(Varouna)那里受一百世的痛苦。"④

而王不能为证人,因为有不公平的危险;学生不能做证人,因为他们有轻佻的习惯;老人家不能做证人,因为他们的官能已经衰弱,所证的恐怕就不真确;修行者,不能做证人,因为他们已失去了公共生活利益的观点;受饥寒痛苦人,也不能做证,因为痛苦,已使

---

① 见 Lois de Manou Ⅶ,13。
② 见 Lois de Manou Ⅶ,16。
③ 在印度阶级观念很深,有所谓波罗门人(Brâhmane,即贵族)、军人(Kchattriya)、商人(Vaiçya)和贱民(Soudras)四等,现在这部《玛露法》虽已被英吉利法所代替,而这阶级的观念,仍是普遍的存在。
④ 见 Lois de Manou Ⅷ,79。

他没有注意的能力；至于女子就只能做女方的证人，这些规定，确显示了玛露立法思虑的周密。

若是又没有证人，那只有适用"火审"（Agni）或者"水审"（udaka）的方法，以判定被告是否犯罪：所谓火审，乃置烧红了的铁丸七枚于无花果的树叶上，使当事者捧着，步行于一定距离的圆圈上，由法官念祈祷词曰："呜呼汝火，为净被之具，即神之尊口，缘汝住于一切物之心中，故得知此事件，真实即由汝舌而出。"然后检验掌中，视伤之有无以判真伪。至于水审，乃放矢入水，使被告潜入水中拾矢上陆，其时若被告沉入水中为无罪，若手足或体之一部现水上，则为有罪的证明。①

刑名在印度玛露法里，极为繁杂，除了罪质而外，还因为犯罪人的阶级而变更，简略的说，有死刑、肉刑、火印刑、监禁刑、放逐刑、财产刑和谴责刑七种，兹再分别叙述如下：

死刑　死刑有单纯和加重两种，加重死刑又分七种：第一是尖刀刑（le pal），乃对于夜晚毁越屋墙的窃盗罪的刑罚，因为在印度这具有非常技能的窃盗极多，所以不能不处严刑，以示警戒。第二是火刑，贱民诱奸贵族妻子的行为，是要科这种刑罚的，因为诱奸已经违法，何况又是贱民犯上，在阶级观念极深的印度人看来，自然算是罪大恶极了。第三是象蹈刑（l'ecrasement sous les pieds d'un éléphant），凡是公务员发现遗失物而据为己有者，就要用巨大的象，把他蹈死；原来在印度公务员发现了遗失物应当交国王保存三年，同时公示招领，三年后无失主领回者，则应收归国库，②这不能不说

---

① 关于火审及水审可参看《法律近代论》，穗积陈重著，黄尊三译，第一册第27—36页。
② 见 Lois de Manou Ⅷ, 34。

是玛露法保护所有权的周密和当时吏治清白的地方。第四是溺刑（la noyade），适用于决水罪，这似乎和摩西法的反坐刑意义相同。第五是热油刑（l'huile bouillante versée dans oreilles et dans la bouche），这种刑罚适用于贱民对于波罗门人所对他发的命令有所议论罪，执行的方法，是把烧热的油倾倒于贱民口里和耳里，因为既是贱民，耳就应听命令，口就应无所议论，而敢于对波罗门人的命令有所议论，自然应当惩罚口和耳，以至于死亡。第六是兽刑（être déchiré par des chiens dans une place publique），适用于已婚妇女通奸罪，执行的方法是率恶狗数匹，任其食犯罪者于公共场所。第七是分尸刑（être coupé par morceaux avec des rasoirs），凡是从事于制造金银首饰业务的人，而伪造者，都应用剃刀分割身体。总之，这七种加重死刑虽然惨酷，可是适用的机会很少，只限于这七种行为，至于单纯死刑，执行的方法是斩首，条文极多，适用范围亦广，譬如杀人罪、窃盗罪、贱民不敬罪、赃物罪、帮助窃盗罪、①累犯小偷罪等。

  肉刑 肉刑是肉体的一部供刑罚的执行，在印度古法的规定，肉刑的种类，又因为犯罪的性质而不同，譬如贱民侮辱其上三阶级的人（Les Dwidjas）的行为，是处断舌刑，贱民唾骂波罗门人，要被切去两唇，窃盗波罗门人的耕牛，在执行死刑之前，应先执行切去双手刑等，总之肉刑的种类，极为复杂，行为固然是科肉刑的标准，而被害人和行为人的阶级，也是量刑的基础，身体任何部分几乎都可以做执行的对象，自然这是刑法残酷性的表现，不过这是古代刑

---

① 所谓帮助窃盗罪行为，约有两种，一是供给窃盗者以生活资料，另一种是供给犯罪的器具。（见 Lois de Manou Ⅸ，271）

罚特征,不只印度古法如此,其他古代民族的刑罚,也都没有不是以肉体的痛苦做犯罪的应报的。

火印刑　火印刑随着罪质而有不同的印纹,譬如说偷饮祭酒的,在前额上印个酿酒的旗帜,贱民敢坐于波罗门人之旁的,就要印上个没有头的人形等类。

监禁刑　监禁有屋内监禁和屋外监禁两种,前者系对于少女和下层阶级的人通奸之行为,以及已婚妇女遗弃丈夫之家庭者,后者是适用于商人与波罗门人妻子和奸罪。① 监禁的期间,法律并无高度或低度的规定,法官自然可以自由处断,至于执行的方法,屋内监禁固然和近代自由刑的意味相差不远,而屋外监禁,则完全不同,其形状如兽槛,以木或石做成,放置于路上,囚人禁于其中,仰天露卧,使受隆冬之寒冷,炙夏日之炎热,囚人不特自由全失,即健康亦不克保全,故与身体刑无异,自未能与近代之自由刑同日而语。

放逐刑　放逐刑有独科和并科两种,独科放逐刑适用于(一)不救灾之罪、②(二)重伤害罪(即损伤骨骼)、(三)因悭吝而不履行誓约罪等,至并科放逐刑适用的范围极广,譬如波罗门人犯罪,除应执行死刑无法并科外,其他任何犯罪,都应并科放逐刑,就是个好例子。

财产刑　财产刑在印度古法规定得更见周密,有没收和罚金两种,这完全和近代刑罚相同,而没收更分为全部没收和部分没收两种,譬如发现埋藏物而为不实之报告者,没收埋藏物全部八分之

---

① 见 Lois de Manou Ⅷ, 375。
② 无论人为灾害或天灾均包括在内。(见 Lois de Manou Ⅸ, 274)

一，全部财产没收刑适用于阁员之倚仗财产，阻碍公务罪、无预谋之杀波罗门人罪，此外商人与波罗门人妻子和奸罪，除处以屋外监禁外，还要并科全部没收刑。至于罚金则分为二百五十班拉(Panas)以上、五百班拉以上和一千班拉以上三等，适用的范围极广，几乎可以说是刑罚制度中主要的刑罚，这在以肉刑为主要刑罚的古代法制中，不能不算是个例外。

  谴责刑 谴责刑在刑罚制度中，算是最低级的刑罚，适用于病者、老者、幼者、及妊妇之犯罪者，似乎是一种减轻原因的刑罚。

  总结上述各点来说，或许要以为印度古法的缺点太多了，刑罚的惨无人道，阶级的歧视，刑罚和实害既无均等的观念，刑罚又没有感化的意义等，这种估价，在形式上固然不错，可是实际上这是忽略了时间观念的议论。试问在法国大革命之前各国的刑法是怎样的？残忍、不平等、以及误解刑罚的使命等，还不是一样吗？若就另一方面说，《摩西法典》之成立，还在《波罗门法典》之后，而私人报复和反坐刑的执行，竟存在于时代较近的《摩西法典》，而《印度法》反能以公权力维持一切的社会秩序，不放任私人腕力的报复，这不能不说是文化进步较早的征象，而刑法不溯及既往的原则的确定，对于人权的保障，尤有莫大的功绩，而为近代的立法例的渊源。

第四节 希腊刑法

  希腊在古代不是一个单一的国家，许多城(cités)都是各自独立的，各城有固有的风俗习惯，所以法律也各不同，不过本书并不是专作古代刑法的研究，自然用不着分别观察，只要就对近代刑法影响较多的亚推雷(Athènes)刑法,加以叙述,就可以明了刑法演进的经过了。

亚推雷立国最早的一个首领,据史家所知道的,要算是虽克洛(Cécrops),他在纪元前十六世纪就来自埃及,到了亚推雷城之后,才放弃游牧的生活,而进到农业时期,法律的制定,也就随着时代的需要而发生,并首创历史上著名的"爱耶洛把施法院"(tribunal de l'Aéropage),①发布一些简单的法令,分全国为十二区,确认社会有贵族(eupatrides)、战士(Les chevaliers)、商人(geugits)和劳动者(Les thetes)四阶级,同时在政治上创立民主制度,主权在人民,一切立法权、司法权和行政都归人民会议行使,②这些简单的政治组织的法令,就是以后亚推雷法律的渊源。

在纪元前六百二十四年亚推雷大法学家达瓦公(Dracon)才正式开始立法的工作,这部法律和罗马的十二表法一样,无非是立法者把高等阶级施政的秘密,归纳在一起,而公开于下级的人民。

这部法律的内容,大概说来,不外是下列四种观念的结晶品：

(一)威吓主义的确立。威吓主义最古的渊源,本是以人类报复性做基础,不过在人类执行报复的时候,只是自卫本能的冲动,并没有所谓"杀以止杀"理性的观念,在国家形成的初期,也无非顺从这种本能,而加上件公平的外衣,可是希腊这部法律,是更进一步利用刑罚的痛苦,使一般人畏惧,而不敢犯罪,所以一方面立法者说要保障"共和国"(Republique)的存立,只有严刑可以使人畏惧,而不加以侵犯,他方几乎是任何轻微的罪都可以处死刑,这种严刑峻法的威吓主

---

① 见 De Pastoret, Histoire de la législation t. Ⅵ. p. 355。
② 参看 Cauvet, Organisation judiciaire chez les Athèniens。

义,在目前我们固然是不敢赞同,可是在一般人都是无目的的受本能冲动执行报复的当时,希腊法家能企图利用刑罚以达到了一种目的,未始不是思想的进步,事实上在十八世纪以前的刑法几乎没有不受这种观念支配的,其影响之大,真是不言而喻了。

(二)擅断主义的实施。在希腊除了适用威吓主义而外,还有擅断主义的特色,而为近代刑法所不取;譬如某种行为,法律虽无明文规定,而人民会议可以在行为后颁布一个法令,对该行为加以处罚,就是人民会议不制定法律,法官也可以临时根据个人的信念,决定罪刑;这不特和近代的法无明文不罚的原则相反,抑且不承认不溯及既往的原则的存在,这种现象似乎不应当存在于所谓民主政治的国家,其实,在希腊这恰是民主政治充分的表现,因为人民会议是国家最高主权的所在,而法官又是人民会议选举的,他们自然是兼有立法和司法的权力,而擅断主义就是这两种权力集于一身,实用的结果。

(三)刑事之连带责任主义。亚推雷的立法者,不知道有所谓刑罚个人原则,他们以为个人犯罪,一家的人都要负刑事责任的,这和我国古代夷三族的制度相同,不过在希腊是以为人类是"家庭的人",并不是所谓"个人",他们既有共同的血统关系,那么,所谓犯罪,实际上就是血统犯罪,所以凡是共同血统的人,遇有犯罪行为发生,都要负连带责任的。①

(四)政治观念的充分表现。人类初期的刑法,本不外乎社会公权力代理个人执行报复,以满足本能的冲动,而希腊刑法更进一

---

① 关于希腊刑事连带责任的问题,法国格罗雌曾著一本书,分析得极其详尽,很可参读,书名是:La solidarité de la famille dans le droit criminel en Grec,par Gustave Glotz, Paris 1904。

步使刑法发生一种政治作用，而维持当时的所谓民主政治；而政治犯在犯罪中竟成了最重要而又最多的罪名，这和其他古代民族的刑法之有背教罪，是神权政治的结果，在实质上没有什么差异，可是就思想的外形看，未尝不是文化进步的一种表现，而为希腊刑法的特色。

至于刑名，在亚推雷刑法里，约有死刑、监禁刑、放逐刑、权利刑、奴隶刑、财产刑六种，兹再分别述之：

死刑　死刑适用的范围极广，几乎像自由刑之在近代刑罚一样，据杜利孙的考证，凡是（一）叛逆罪、（二）损害亚推雷民族罪、（三）意图倾覆政治组织罪、（四）损毁主权罪、（五）对人民会议为虚伪之陈述罪、（六）外交上之越权罪、（七）妨害公务罪、（八）侵吞公款罪、（九）违法征收罪、（十）侮辱宗教罪、（十一）亵渎神圣罪、（十二）间谍罪、（十三）助敌罪、（十四）伪造货币罪、（十五）不法采矿罪、（十六）杀人罪、（十七）放火罪、（十八）私禁罪、（十九）累犯窃盗罪、（二十）多数的伪造文书罪、（二十一）妨害风化罪、（二十二）诬告罪、（二十三）虐待父母或孤儿罪等，都要处死刑的。① 至于死刑执行的方法，又因罪质而不同，普通政治犯和宗教犯都是用毒杀刑的，譬如著名的哲学家苏格拉底（Socrate）就是被判决饮以"矢鸩"（cigüo，即毒菇之一种）而死亡的，其余像石击刑、十字刑、绞刑、车盘刑等都可以适用，任法官的选择。

监禁刑　监禁有无期和有期两种，法官有绝对裁量的自由，其性质又有主刑和附加刑的不同，作为主刑适用时，不外是犯军事上的犯罪，以及虐待父母、私侵吞公款之未处死刑的犯罪，至其他犯

---

① 见 Thonissen, Le droit pénal de la Repudlique Athénienue, liv. Ⅱ, Chap. Ⅳ.

罪之处罚金刑,则监禁即被认为是附加刑而适用。

　　放逐刑　放逐刑在亚推雷刑法里,算是一种很重的刑罚,仅较轻于死刑,凡是思想上的轻微犯罪,都可以处放逐刑,而全部财产之没收,又为放逐刑之自然结果,若是放逐出国后而又返国的,那就要处以死刑。

　　权利刑　权利刑有高级褫夺公权刑(L'atimie majeure)、中级褫夺公权刑(L'atimie moyenne)和下级褫夺公权刑(L'atimie inférieure)三等,高级褫夺公权刑适用于政治犯,普通同时并科全部财产没收刑,其效力并及于犯罪者之子孙,一切公民的权利均因此丧失,中级褫夺公权刑于权利的种类,略有限制,而下级褫夺公权刑,则仅丧失与该犯罪行为有关的公权,譬如选举舞弊罪,则犯罪者丧失选举权。

　　奴隶刑　所谓奴隶刑,乃是将犯罪人出卖与私人作为奴隶,本国人适用的机会极少,普通是对外国人在亚推雷犯轻微罪适用的。

　　财产刑　财产刑有没收和罚金两种,此地所谓没收是指全部没收而言,并没有部分的没收,这是和印度刑法不同的一点,至于罚金金额法律上没有高度或低度的规定,故法官有绝对的裁量权,普通虽说一万 Drachmes(希腊钱名)是最高额,然而三万甚至五万 Drachmes 罚金的判决也是有过的。①

第五节　罗马刑法

　　罗马刑法的重要性,我们在上面已经大略地说过,可是普通研

---

① 见 R. Roland, De l'ésprit du droit criminel, p.169。

究罗马法的人，多半是注意罗马民法而忽略了刑法，这是因罗马民法比较刑法更见发达，一般人就只就那最精彩的部分加以研究，这不特十一世纪的注释学派的学者如是，就是近代的学者也大都是如此，其实，罗马民法虽是精密完备，然究不能掩蔽刑法的光芒，所以在十九世纪经过一些专门研究古代刑法的学者的搜集和研究之后，罗马刑法的估价，始不在民法之下。

罗马刑法最古的成典，自然要算十二表法的第八表私犯法和第九表的公法，继后随事实的需要，历朝都曾颁布刑法，一直到修斯梯利样法典（Codex Justinianus）编纂成立，而以前一切零散的法令，才算归纳到一起了，其中关于刑事部分的，有"斯拉法"（Lois de Sylla）、"开撒法"（Lois de Césa）、"奥果斯得法"（Lois de l' Auguste）以及基督教会所颁布的刑法等，而以"斯拉法"的规定，最为详尽可以代表罗马刑法的真精神。

我们若以罗马法所给予近代刑法的影响观点去考察，那简直就可以说近代刑法的原则，完全是罗马法的复活，这里姑且举几例来说吧：

第一，犯罪概念的确定，实在是罗马法最重要的遗产之一，原来在罗马法之前，所谓犯罪在一般人的概念上无非是罪孽，是对神的亵渎，是对个人的侵害，国家执行刑罚自然不外是代天行道，对神赎罪，消除罪孽，以及为私人复仇等，可是在罗马法学家的眼光，所谓犯罪，乃是危害"社会利益"（l'intérêt social）的行为，这种概念的产生，固然是有赖于希腊哲学思想的启发，然而罗马法学家能够把握着这种概念进一步光大发扬这种概念的精神，而作为全部刑法的基础，更思以启示近代刑法的雏形，其对于刑法之贡献，实极伟大。

其次，刑法不处罚单纯的犯意，而以行为做刑罚的标准，也是罗马刑法的一个原则，所以凡是未以行为表现于外部的情形，纵有犯意，甚至于预备等行为，都不能处罚，但是反叛帝制的预备行为，是不受这个原则限制的，因为反叛帝制的行为，若已超过预备的阶段，往往就有无力处刑的危险，所以不能不作例外的规定，若是已经着手实行足以表现犯意于外部，而因意外的障碍使犯罪结果不能产生，那就可以处罚，这在近代刑法里叫做犯罪之未遂。

再次，刑法虽以行为做标准，而没有犯罪意思的行为，也是不处罚的，换句话说，行为固然是刑罚的标准，而犯意更是犯罪构成的条件，由这个原则演绎的结果，第一，精神病人的犯罪行为是不构成犯罪的，第二，未达成年的幼者行为，也不能处罚，第三，因他人攻击而为的正当防卫的行为，①也不能要他们负刑事责任，因为这三种行为都是没有犯罪意思的。

还有共犯的观念，在罗马法也有规定，凡是给予实施犯罪行为的人，以及帮助者，都叫做从犯，和实施犯罪行为者同等处罚，这就是近代刑法里所谓责任上与刑罚上之平等制（Système de l'égalité de responsabilité et de pénalité）历史的渊源。

此外，罗马法对于累犯，也有加重其刑的规定，不过仅限于同种的犯罪，才能算是累犯，否则是不能加重的。

至于罗马刑法罪与刑的规定，则尤为精密，兹分别述其梗概于下：

---

① 在十二表法就曾规定个人对于夜间窃盗有正当防卫权，继后这个原则复行扩充适用的范围，对于一切强暴攻击的行为，都可执行正当防卫，其他非强暴法的侵害，那就要看法律有无明文规定为断，譬如和奸罪，父亲可立即杀死他的女儿和从犯，而做丈夫的人就只能对从犯执行正当防卫权。

（一）关于罪的规定

罗马刑法关于犯罪的概念，认系危害社会利益的行为，已如上述，但同时对于单纯侵害个人利益的行为，若采取放任的态度，也非所以维持社会秩序之道，所以在罗马法有"公罪"（delicta publica）和"私罪"（delicta privata）的分别规定，这在近代刑法里认为一切侵害法益的行为，对于社会利益的损害，虽有直接和间接的不同，而其属使社会蒙受损害则属一致，所以并无公罪和私罪之分，这种广义的解释，在报复观念尚未完全消灭的古代立法，自非所宜，罗马刑法之分别轻重，认公罪是侵害社会法益的行为，处以刑罚，私罪是个人间的纠纷，只发生债权的关系，自然是当时一般人的法律观念的结果。

这样区分在立法上，就发生三种结果，第一是关于管辖权的问题，公罪最初是"国民会议"（comices）审判，后改由"控诉法院"（quoestiones）受理，而私罪的管辖权是属于民事法庭；其次，任何人都可以对公罪提起告诉，而私罪的告诉权仅属于被害者；最后，适用的程序，亦不相同，公罪适用刑事诉讼法，私罪只能依据普通程序要求损害赔偿。这种制度在罗马的末期，略有变更，就是对于私罪也可以提起刑事自诉，不过因此即丧失要求损害赔偿的权利。

在公罪又可以分做例外公罪和固定公罪两种，前者适用特别诉讼法，法官有量刑的自由权，后者适用普通刑事诉讼法，完全采用法定刑的制度，法官没有裁量权，即所谓绝对的法定罪刑制，这种区分，后因特别诉讼法的废止，而两者不同所在，就只有法定刑与否一项，所以有些学者就分公罪为法定刑的公罪与非法定刑的公罪两种。

公罪（包括法定刑于非法定刑而言）的分类，约有对国家之罪、对宗教之罪、对风化之罪和对个人之罪四种，对国家犯罪最重的要算大叛逆罪(perduellio),①其次是侵吞公款罪、违法征收罪和意图妨害选举之非法结社罪(sodalitas),再次是伪造货币罪及伪造度量衡罪。对宗教之罪有输入异教罪和侵占祭物罪两种。对风化之罪有(一)奸非罪(adulterüs)、(二)淫逆罪(stuprum)②、(三)代人引诱为奸淫行为之罪(lenocinium)、(四)猥亵罪、(五)亲属相奸罪五种。对个人之罪则有故意杀人罪、杀尊亲属罪、暴力罪、略诱罪、窃盗畜牧罪、收受赃物罪、重利罪和堕胎罪等。

所谓私罪,乃指除公罪中对个人之罪以外之一切侵害个人之身体财产之行为而言,在古罗马法本没有规定,只实用反坐法(Loi de talion),继后因为所有权的观念发达,为保障所有权起见,就有了相当的规定,但也不过是采用金钱补偿律(Loi de Wergeld)的办法,而成为债权构成一原因,较之公罪以及近代所谓犯罪的性质,实异其趣,至私罪的内容,则有下列数种:

(1)损害罪(l'injure)。本罪在十二表法只规定为对于身体的伤害,后来大法官列令(L'édit de préteur)并及于人格名誉的损害,被害者都有请求损害赔偿之权;到了帝政时代,并且准许被害者提起刑事自诉,从此损害行为渐有公罪的性质,而与近代的伤害罪、妨害名誉罪同其意味了。

(2)过失损害罪(damnum injuria datum)。十二表法对于本罪也有规定,后来《亚己利亚法》(lex aquilia)复加规定,譬如因过失

---

① perduellio 法文译作大叛逆罪(crime de haute trahison),其实本罪包括之罪名极多,举凡重大妨害公共安宁秩序的行为,莫不在内,例如谋杀而引起全市不安罪、军人丧失军械罪、篡夺罪、妨害人民法庭执行职务罪、助敌罪等,而苦无一恰当名词可用,姑从法译。

② adulterüs 和 stuprum 的区别,前者是和奸有夫之妇,后者是指没有丈夫的女子与他人非法结合而言。

致奴隶于死、或致农业上之四足兽于死等行为,奴隶的主人和兽的所有人,都有请求损害赔偿之权。

(3)窃盗罪(furtum)。罗马法规定的窃盗罪,其范围较近代刑法上之窃盗罪为广,共有"有体物之窃盗"(furtum ipsius rei)、"物之使用窃盗"(furtum usus)和"物之占有窃盗"(furtum possessionis)都包括在内。

(4)强盗罪(Ripina)。本罪在十二表法和窃盗罪并没分列,大法官列令里才以行为是否达于强暴的程度,而区分为强盗罪、抑为窃盗罪,两者在法律上都只能请求损害赔偿,不过赔偿额有多少的不同而已。

(5)恐吓罪(metus)。本罪成立的时期很迟,初不能请求损害赔偿,到了七世纪阿克达非亚法官(préteur Octavius)的律令才加以规定。

(6)诈欺罪(dolus malus)。诈欺罪的成立还在恐吓罪之后,由《亚己利亚法》规定,得请求损害赔偿的。

(二)关于刑的规定

罗马法关于刑罚方面,像其他古代民族的刑法一样,严刑峻法,残酷异常,这种情形,学者的解释不同,有的认为罗马君权极大,刑罚严峻是专制政体当然的结果,因为不是这样,就不足以维持君权的尊严,但是有的人根据罗马对公罪处罚极重的规定,而认为当时的立法者是适应人民强烈的爱国心之结果,所以罗马人有所谓"城市(国家)是一切,是家庭,是世界,也就是生命的整部"(La cité était tout, c'était la famille, c'était le monde, c'était la vie toute entiére)的格言。① 这两种解释,各有见地,我们以为国民的爱国

---

① 见 R. Roland 著前书第 261 页。

心,固然是严罚侵害国家罪的客观条件,而专制权威的维持,事实上也有严刑峻法的必要,这是各国历史上共同的事实,罗马当然也不会是例外,所以这两种解释都是当时刑罚严峻的原因。

罗马法的刑名,因为阶级观念的支配,极为繁杂,有所谓对奴隶的刑罚与对自由人的刑罚两种,奴隶的刑罚共有十字刑(la fourche)、皮鞭刑(le fouet)、火印刑(la marque)、锁禁刑(les chaînes subies dans l'ergastulum)、宫刑(castration)、刀击刑(le coups de stylet)、钻舌刑(la langue percée)、海鳗刑(être jeté vivant aux murènes d'un vivier)等,而对自由人又因为高级自由人(honestiores)和低级自由人(humiliores)而不同,譬如谋杀行为,前者只处海岛监禁刑,而后者就要处以兽刑,本书为节省篇幅计,只能就重刑和轻刑胪列其刑名于下:

第一种重刑自然要算死刑,其执行的方法因罪的种类及身份而不同,极尽残酷之能事,凡是可以使被执行人感受痛苦的方法,几乎是无一不备,例如杖毙刑、斩刑、绞刑、兽食刑、十字刑、鸡犬蛇猿之分食刑等,较之我国古代炮烙刑的惨绝人伦,恐怕是有过无不及。

第二种重刑是自由刑,分为矿役刑(damnatio in metallum)和帮助矿役刑(damnatio in opusmetalli)两种,完全采用无期制。

至于轻刑则有海岛囚禁刑、身体刑、自由刑、褫夺公权刑,以及财产刑等。

此外尚有罪疑唯轻、因果关系律、故意与过失之界说诸原则,均为罗马法所规定,而给予后世刑以莫大之影响。

第四章　刑法之沿革

古代民族刑法之概况,在前章已经大略地介绍过,本章再就各国刑法演进的经过,作个概括的检阅。

自然各国刑法都有它的特点,要归纳在一起来讲,似乎不大容易,不过就历史观察,它们也是循着共同的阶级而演进,因为法律本身就不外一方适应事实的需要,他方更受学说的指导,互相影响,才逐渐完成,所以各国社会实况虽不相同,而其演进的程序,就没有不受生产方法支配的,这就是社会的演进,所以有共同阶级的主因,而且一学说的倡导,其影响所及的地方,又不是国境能够限制的,因此我们可以基于社会演进的程序,对于各国刑法的沿革,作个概括回忆,那么,刑法何以臻于今日发达的原因,也可以明了了。

法国加罗(Garraud)氏认为世界各国刑法的演进,都经过同样的阶段,即自中世纪以前迄于文艺复兴,叫做赎罪及恐吓时期,十八世纪至十九世纪叫做博爱时期,此后是科学时期三个阶段,[①]这里就根据这种划分而说明于后:

(一)赎罪及恐吓时期(La période d'intimidation et d'expiation)

报复思想本是人类的本能的发动,也就是刑法的起源,原来

---

① 见 Garraud, Traité théorique et pratique dudroit pénal français t. Ⅰ, p.110。

在上古时代，人类生活多取渔牧形式，缺少固定性，也没有严密的社会组织，公权力自然不能存在，所谓刑罚权的观念，更没有存在的余地，但是人类彼此交接日繁，遇着侵害，就会发生冲突，报复的观念深入人心，遇着了侵害或者袭击，就多以全族的力量去报复，从此，报复的观念也就由个人时代而进到所谓家族或部落报复时代。

在家族报复时代，因为族的组织渐形严密，族长获得了无限的权力，一方面维持族内的秩序安宁，以图共同的生存，他方面更运用全族的力量，以抵御外侮，所以报复的执行，到此时就分为对外和对内两种，前者报复行为的程度是唯力是视，往往残酷异常，毫无近代刑罚的意义，至于后者，则似乎与荀子所谓"人生不能无群，群而无分则争，争则乱，乱则离，离则弱，弱则不能胜物"[①]的观念相同，而有反坐法的产生，以维系族内的秩序，所以反坐法的成立，是已经在报复观念之外，更增加一件公平的外衣，而为十八世纪后刑罚观念的雏形。

从此以后，家族的范围逐渐扩大，而部落，而国家；人与人的关系也随着而愈复杂，在这种情形之下，若是严格地执行反坐法，则内部的原气，损失极大，所以对内的刑罚，就变成金钱补偿律，对外则形成战争的状态，不再有刑罚的意义了。

查金钱补偿律成立的初期，人类报复的观念还是很深，被害人往往不愿受该律的拘束，要适用反坐法，使侵害者受同样的痛苦，以满足己身的快感，而执法者也没力量可以干涉，只好任被害者就二者中去选择，所以学者们叫这种时期做金钱补偿律的放任时代，

---

① 见荀子《君道篇》。

第四章 刑法之沿革

继后社会的组织更形严密,公权力也随之日固,而金钱补偿律就变成强迫的性质,被害者是不得要求执行人身报复的。

此外和公权力同时发生的,还有神权的观念,认为侵害者是得罪于天,族长或者君主都无非是天的代理人,执行刑罚权,为侵害者赎罪;这种观念是当时公权力稳固不可少的条件,也就是各国刑法所共同经过的阶段,像希腊史家 Diodore de Sicile 所记载的古代君主处罚罪犯,必定要借天主的名义,他们举行的仪式虽有不同,而其意义则实一致,就是在我国,虽然经史没有详细的记载,然看司马光的《稽古录》所谓"唯天生民,有欲无主乃乱,必立聪明之君长,以司牧之"的话,以及俗称"帝王"为"天子"的意义,就可以知道神权的观念,也被我国古代刑法所采用了。

君权一经固立之后,做帝王的人就没有再行利用神的必要,因为大权已经在握,人民不能不服从他的指挥,不过为着维持一己的地位起见,必另求秩序的稳定,而不得不利用刑罚做威吓的工具,去以力服人,如是严刑峻法造成了刑法史上的恐吓时期。罗圭斯雷尔说,"当我们浏览到中古的司法史,我们将因是而战慄,每页都是记载着伤心的人和烧红了的铁,活的人会被抛在火里,抛在沸腾腾的油锅里……"①这不特欧洲如是,其实各国都是一样的,我国秦代的刑罚,就是个例子,所以这种恐吓的阶段,也是各国所共同经过的。

在恐吓时代最可注意的事,是刑法上私人的报复,完全绝迹,和社会防卫说的产生。像法国《习惯法》第三卷第三十八章所记载

---

① 见作者所译《刑法之恐慌及其将来》(La crise et l'avenir du droit pénal, par L. Rabinowig)登《法学丛刊》第三卷第八期。

"绝对禁止私人的复仇行为",只有帝王所委任的官吏可以代表执行报复,就是前一种的例子,而罗马法家对于刑罚所下的定义:"刑罚是社会利用其恐吓性以作为防卫本身的工具",可以看作这种理解的代表,这两种事件,是世界刑法转变的一大关键,而为我们研究刑法学的人所不可忽略的。

综合上面所述的,我们可以知道报复、赎罪、恐吓是十八世纪以前刑法上三种基本概念,私人报复固然绝迹较早,但是神权(即赎罪)的观念确伴随帝王的恐吓政策而延长,一直到法国大革命发生,才逐渐消灭,至于恐吓的概念,虽是被近代多数学者所鄙视,各国的法典也很少这种色彩,可是在特别法令里,仍不少这种意味,尤其是吾国目前的特别法令,大都实用恐吓政策,死刑条文的繁多,实在是文明国家所仅见,这种情形若不能即时收改更张,则其祸害真不知将伊于何底!

(二)博爱时期(Ia période humanitaire)

法国大革命的产生,就是刑法博爱时代的开始,而其胚胎时代,则早在十八世纪的初期,当时各国刑法都采用恐吓主义,帝王的淫威、法官的专断、刑罚的残酷,做成了怨声载道、惨不忍闻的景象,所以事实上已有改变刑事制度的需要,而基督教博爱的教义正勃兴于各国,一般宗教师对于罪囚的惨状,自然不能不本人道的立场,从事救济的宣传,而卢梭(J. J. Rousseau,1712—1778)之《民约论》(Contrat social,1762)出版,人民主权的思想,更风靡一时,各国君权制度,均因之动摇,从此人道主义和人权学说以及由二者所发生的刑法改革论,才获着了哲学方面最坚固的体系。迨至1764年意大利法学家俾加利亚(Beccaria,1738—1794)发表其著名的《罪与刑》(Des crimes et des peines)一书之后,改良刑法本身理论的任务,也就完成,所以法国大革命一经爆发,就摧毁了中古所残余的法律组织①,而改变刑法的议案即提出于当时的国民会议,该会议也就根据俾氏及其他法家的学说,以及《人权宣言》的意旨,议定刑法主旨如下:

(1)国家是人民的共同契约所组织的,故人民有遵守由该契约所制定的法律的义务,私人固没有执行刑罚的权能,而国家也非根据法律的规定,不能处人民以罪刑,这即所谓罪刑权专属于国家和罪刑法定的原则。

(2)犯罪是侵害社会的行为,法律不能在防卫社会的需要限度之外,规定罪刑,换句话说,立法者之制定法律也得受这种原则的限制,否则就是违法的法律。

(3)人类都有自由意志,基于这种意志所发生的信仰,法律不能加以干涉,所以宗教上的罪名,不能存在于法律,反之,意志自由遇着障碍所作的行为,在刑法上是不负责任的。

(4)人生来就是平等的,刑法上不应当有地位或者阶级的歧视,而废除以前法律上一切不平等的规定。

(5)犯罪系个人的意志行为,所以刑罚也仅能施之于犯人本身,而不得及于家族。

(6)刑事正义的中心点,是客观的事实,而不是主观的事实,换句话说,是犯罪行为,而不是犯罪人,因此刑罚的轻重,应当和犯罪行为维持正比例。

这些议决,以后都经法国1810年的刑法所采用,如是,法国往

---

① 见作者所译《刑法之恐慌及其将来》(La crise et l'avenir du droit pénal, par L. Rabinowig)登《法学丛刊》第三卷第八期。

昔严刑峻法的刑法,就一变而走入博爱时代,其他像奥大利的1852年刑法,德国的1871年刑法,都受法国刑法的影响,而放弃从前的恐吓主义,就是以英国而论虽然在形式上没有随着这种潮流编纂法典,可是它的刑制也受了十八世纪诸学说的熏染,一切残酷的制度都完全废弃了。

这种情形,在刑法史上自然不能不算是一件革命的伟绩,不过就现代眼光去看,则还有使人难以满意的地方。因为这种大改变的基础,不外两种,一是人类生而自由的哲学思想,认为人类在未组织社会之前,各人都是享有这种权利的,后来依据社会契约让渡一部分的权利与共同体,而共同体亦给予个人所保留的权利的保障,所以国家有处罚个人的权利,同时不能在社会契约的范围以外,处人民以罪刑,使罪刑法定原则获得了社会契约的保障。这种说法,在十八世纪虽曾取得普遍的信仰,然其不合于事实,则已为现代一般学者所公认。因为所谓原始人类由彼此毫无联络关系的前期状态,一朝以契约的方式跃为共同体的后期国家状态,在历史上实难找着根据,虽说美国的独立,似乎是类此形式,然而也只能说是《民约论》的影响,而不能说是社会契约论的根据[①]。而且意志自由的理论,除了专从哲学方面立言外,实在不容易解释。[②] 就是退一步说的话,不问理论的根据,仅从实用方面说,也难免使刑法陷于机械化。另一种基础是人道主义的博爱观念,认为刑罚不应当违反人道,监狱应大加改良,所以在当时产生了所谓"监狱学派"(L'école pénitentiaire),对于法学方面的贡献,固然是不可磨灭,不

---

① 请参看拙作《刑罚权之根据》一文,登《法学杂志》第八卷第一期。
② 请参看拙作《刑事责任理论的检讨》一文,登《法学丛刊》第二卷第二期。

过就其本身考察,刑法决不仅是满足人道主义的要求就算了事,它还有更重要的使命呢。

就抛开理论不谈罢,事实上以自由意志和博爱观念做基础的刑法,施行的结果,造成了犯罪普遍增加的现象,尤其可怕的是累犯和少年犯在整个犯罪统计中的百分比是不停增高,而达到了空前的程度,各国累犯的数目都在百分之三十五至四十之间,而少年犯则为四分之一,换句话说,十个受刑罚的人有四个是累犯,四个犯罪人中有一个是年幼者,无怪乎折中学派的法国学者沙雷意(Saleilles)都要说,"每次新统计是如潮样的增长,似乎是法律愈干涉愈惩罚而犯罪就愈增多愈繁殖,这可以相信刑罚已经变成了犯罪的主要原因,刑法是在促进犯罪的增加。"①

(三)科学时期(La période scientifique)

博爱时代的刑法,无论在理论或者在事实上,既都有不可逃避的缺点,如是各国学者不得不为刑法另辟途径,而首先利用科学方法研究刑法学的人,要算意大利的郎卜罗梭氏(Lombroso,1836—1909),他利用实证的方法,从事于犯罪人类学的研究,他的名著《犯罪人论》(L'Uoms Delinquente)出版(1876年)以后,奠定了刑法的科学基础,继后他的高足费利(Ferri)的《犯罪社会学》(La sociologie criminelle)一书问世,不特对于郎氏的犯罪人类学,有更富于组织和更深刻的阐明,并且还补充了社会的观点,而确定了"法律责任"(Résponsabilité legale)和"社会防卫"(defense sociale)两个大原则,最后又有加洛法罗(Rafaele Carofalo)从司法的观点,著《犯罪学》(La criminologie)一书,刑法新的工程,才算是大体告成。

---

① 见 Saleilles, L'individualisation de la peine。

我们若是综合科学时期刑法的原理来讲，那么可以说这时期的刑法有下列诸要点：

（1）根本就推翻已往的刑罚是补救犯罪唯一有效方法的观念，而认为刑罚的价值有限，预防才是更好的方法。

（2）认为犯罪行为不过是行为者"危险状态"（pericolosita）的征象，刑罚所制裁的是有危险状态的行为者，不是犯罪行为。

（3）新刑法应该以法律责任的原则，去代替已往刑法上的道德责任论，因为犯罪的产生，并不是意志自由的结果，而是许多复杂原因制造成的，所以不问道德的有责任者抑为无责任者，俱应服从刑法的制裁。

（4）以社会防卫原则为结果的刑事制裁，不应当以犯罪客观的严重性做比例，而应适应于犯罪人的危险性，刑罚并且应当在不定期制度之下宣告。

至于把这种学理实用到刑法方面的，就要算瑞士的1894年由斯多斯教授所起草的刑法草案（projet de Carl Stooss），在那部草案里保安处分的名称是正式规定了，在那时自然算是创举，各国学者都以为是大胆的工作，其实那无非新时代刑法部分的表现。到了1921年费利氏草案发表以后，根本就废弃了刑罚的名称，新时代刑法的轮廓才算是全部表现了。目前各国正式采用这种学理的，除了苏俄的刑法典以外，大半的国家都只有用单行法作部分的改革，而不敢根本改造，所以目前还只可以说是科学时期的开始。

第五章　各国之现行刑法

各国刑法的系统及其演进的概要,在前面已经大略的叙述过了,这里再把各国现行刑法典编纂的大概情形及时期略记于后,以备参考。

(一)英国(Angleterre)

英国一向就没有法典,①适用判例法制度(The case-law system),即上级法院就特定案件所为的判决,对于将来与此同类的案件,有拘束下级及同级法院的效力,简单的说,判例在英国,像法律在他国一样。这种制度的根据,学者的解释不同,有的人以为判例的性质就是法,或者说判例是宣告法,法官就同样案件自然不能不受法——判例——的拘束;有的人以为判例之所以能拘束法院的原因,是根据于一事不再理的原则,因为一案既经判决,则应当永久视为已经判决,所以此后关于同样的案件,也视为已经判决,换句话说,是应同样的判决,才不违反一事不再理的原则;还有的人以为英国判例之所以有拘束力,是因为没有成文法,在没有成文法的国家,若是不承认判例的拘束力,则人民的行为,就没有准则了。

---

① 虽说在 Normands 时代以前,有所谓"安格罗沙格逊法"(les lois anglosaxonnes),然而究竟与法典的形式不同,而且包括刑法的部分极少,所以普通都认为英国没有刑法典。——关于这种情形,可参看 Sir F. Pollook, Anglo-Saxon Law (English historical review, april 1893)。

英国判例集,创刊时期虽早在1292年,然大都是由私人编纂,集上附以编纂者姓名,作为标识,系统极其混乱,适用时不无困难,到了1865年(一说是1863年)才由大状师(Barristers)的团体和律师公会(Law society of Solicitors)联合组织判例编纂会(Council of Law Reporting),从事于发行 Law Reports,这就是英国法界的《可兰经》。

此外在英国还有所谓普通法和制定法,而为研究英国法的人所不可忽略的,所谓普通法(Common Law),简当地说,就是习惯法,或者说是多年间所下判例集合而成的,而综合这些判决归纳分析,以得各种法则并予以组织的体系者,则实赖于两大名著,一是黑石(W. Blackstone)所著的《英法解释》(Commentaries on the Law of England),另一本是奥斯丁(J. Austin)所著的《法律学或现行法之法理》(Lectures on Jurisprudence or on the Philosophy of Positive Law),有了这两部巨著,英国法才算是有组织的有体系的法律。

上面讲过普通法是由多年间的判决集合而成的,这不过是就其形式方面说,若从法律上观察,普通法的渊源究竟是什么呢？据黑石的意思普通法的构成分子有三种:第一是"一般习惯"(general customs),即通行于全国的习惯,亦称为固有之"普通法"(common law property),第二是"特别习惯"(particular customs),即存在于某一地方,或某一种社会间的习惯,第三是"特别法"(particular laws),即罗马法与寺院法之原则,经法院所采用者,这三种法则实在是普通法的渊源,因为判例的产生,也无非是根据这三个元素,而普通法又是集合多年的判例而成的[①],如此说来,英国法也受了罗马法影响了。

---

① 见 Blackstone, Commentaries on the Law of England, vol. I, pp. 46—60。

第五章　各国之现行刑法

至于"制定法"(Statute Law)则系将普通法的原则著之成文,英国近来制定的多数单行法(像1907年的《犯人检查法》,1908年的《犯罪预防法》,以及同年的《儿童法》等),其性质都属如此,这些单行法目前虽有渐渐统一的趋势,不过较之别的国家的法典,则仍不能相提并论,可是英国学者间也有提倡编纂法典的,譬如最著名的史蒂芬(Stephen),就是鼓吹这种学说的人,他在1877年发表《刑法会典》(Digest of Criminal Law)一书,规定各种刑事制度及犯罪之处罚等,为当时学者所注意,政府也有制定重罪刑罚及其诉讼法草案的意向,1879年并曾提出于议会,但是不为各政党所容纳,而起草法典的工作①也就从此停止了。

目前英国境内虽没有成文法典,可是它的殖民地则都有刑法典的制定,譬如印度、新嘉坡1871年8月9日的刑法典,加拿大1912年的刑法典,以及西澳洲打斯漫利岛(Tasmanle)1924年的刑法典等②。

(二)美国(Amérique)

美国也没正式的法典,一向就是袭用英国成例的,所以在法学上有所谓英美法系,不过晚近各州多倾向于法典的编纂,最著名的有纽约州1881年的刑法,其他各州都以这部法典做蓝本,编纂刑法典,其属地非利宾则实用西班牙刑法,夏威夷岛则有1850年的刑法③。

---

① 见 La Législation comparée, p. 637。
② 关于英国刑法的内容可参看 Kenny's Select Cases in Criminal Law, Cambridge University Press。
③ 美国刑法的专门书籍有:Warton, Treatise of the Criminal Law of the United States。

(三)墨西哥(Mexique)

墨西哥的刑法典颁布于1871年,在1884年的时候曾加以修改,最近复编纂新刑法,而于1929年9月30日颁布施行。

(四)法国(France)

法国在大革命以前,北部适用习惯法,南部适用罗马法,法律系统极其混乱,当时最著名而为法学家所注意的刑法,要算1670年的刑事法规,该法规分罪为重罪、轻罪及违警三种,而为以后刑法典的基础,其刑罚严酷的程度,比较罗马法几乎是有过无不及的地方,所以大革命时代1791年的刑法,就一变以前严酷的态度,废止身体刑、无期徒刑,同时采用严格的法定刑制度,一直到拿破仑称帝,才斟酌旧时的制度和各种学说,而于1810年颁布刑法典,这就是法国现行刑法,也就是欧洲多数成文法国家制订刑法时的蓝本,这在当时自然算是一部最精密最完备的刑法典,可是施行至今,已经一百二十多年,其不能适应社会的需要,自然是意中事,所以曾屡加修改和补充,以冀其能够和新社会相适合,譬如1832年的普遍修改,1891年缓刑制度的采用,以及1918年的保安法规等,都是显著的例子[①]。

(五)西班牙(Espagne)

西班牙最初的刑法,是仿照法国刑法制定的,成于1848年,继后在1870年曾经加以修改,这部法典在欧洲虽然没有什么影响,可是南美诸国的刑法,都是以它做蓝本的(如智利等国)。此后西班牙经过多次的革命,政治和社会环境都非昔比,所以学者间屡倡

[①] 关于法国刑法可参看:R. Garraud, Traité théorique et pratique du droit pénal français. 5 Vol。

重订刑法的议论,到1928年新刑法才告完成,而实施于1929年1月1日①。

(六)葡萄牙(Portugal)

葡萄牙刑法成于1852年,也是根据法国刑法制定的,后来在1867年以单行法废止死刑,而代以无期之独居徒刑,这就是和法国刑法最显著的不同点,继后在1886年又曾加以修改和补充,即为现行的刑法②。

(七)瑞士(Suisse)

瑞士向来没统一的法典,法国大革命后,曾一度采用法国1791年的刑法,不久各州乃单独制订新法,其性质约可分为三大类,即法国式的刑法、德国式的刑法和意大利式的刑法、总共有二十三种法典之多,不过对于有关联邦行政人员之政治犯等罪,则有共同的法典,继后于1908年有刑法草案成立③。

(八)比利时(Belgique)

比利时在拿破仑时代,原是法国的属国,自然适用法国的刑法,1830年滑铁卢战争获得独立后,才一方用单行法修改原用的法国刑法,作为暂时之用,同时即着手编纂刑法的工作,历三十余年之久,新刑法典才在1867年6月8日完成,颁布施行至今。这部法典的内容,完全受了新经典派学说的影响,一反拿破仑法典的精神,罪的规定,虽说仍是三分制,可是刑罚则较法国制度宽些,法官

---

① 关于西班牙刑法的书籍可参看:Laget et Valdesson, Théorie du droit pénal espagnal。

② 关于葡萄牙的刑法可参看:Henry Midosi, Notice sur la législation portugaise 一文,登 Annuaire de législation étrangère, 1875, p. 165。

③ 瑞士刑法学的专书最著名的要算 Carl Stooss, Die schweizerischen Strafgesetzbücher。

的裁量权限也比较大得多。最近比利时人士更觉得旧刑法(1867年)有很多的缺点,尤其是对于社会之安宁,未能尽完全保障的责任,而有另行制定特别刑法作为补充的必要,所以在1923年司法部就制订社会防卫法草案,提于众议院,当时部长Masson出席说明:"刑事立法有很多的缺点亟待补救,完全建筑于道德责任原则的1867年的刑法,对于精神病人是不足以防卫社会的,就不是精神病人,也只能就行为负其责任,所以对于再犯的防卫,也有不周密的地方,至于1912年5月15日的幼年保护法,只限于十六岁以下的人才能适用,范围既嫌狭小,防卫尤欠周到,本法所以有即时制订的必要。"该草案分为七章,共三十二条,文简意赅,其规定的对象则只有精神病人、累犯者和未成年人(二十五岁以下)三种,后来经过1925年及1926年两次的修改,到1930年4月9日才正式颁布施行,而为二十世纪一部可注意的立法[1]。

(九)卢森堡(Luxembourg)

卢森堡公国在从前也是适用法国刑法的国家,比国刑法颁布后,卢森堡才借以为蓝本,而于1879年制订刑法颁布施行[2]。

(十)荷兰(Pays-Bas)

荷兰在1811年以后,即实用法国刑法,到了1881年,才成立荷兰刑法草案,完全采用刑之人格主义,实用最新的制度,实在是刑法实证派学说的初步尝试。当时全国学者都认为刑法本身自然是

---

[1] 关于比利时刑法的内容可参看:Chauveau et Hélie, Théorie du code pénal 和 Buffelan, La reforme pénitentiaire en Belgique et la loi de défense sociale du 9 avril 1930。中文方面刘陆民君曾作《关于常习犯职业犯的刑事政策之比较研究》一文,登《法学丛刊》第二卷第六期,中间有一段是叙述比利时1930年社会防卫法的,也可以参阅。

[2] 关于卢森堡的刑法可参看:Limelette, Stude sur le code du grandduche de Luxembourg 登 Bulletin de société de législation comparée 1882, p. 327。

无懈可击,不过在监狱改良未完成以前,事实上恐怕不允许刑法发生预期的结果,所以政府就先努力于监狱的改良,过了五年(即1886年)才颁布施行。

这部刑法全部凡四百七十一条,除规定罪与刑的制度外,对于裁判官罪刑的权限,规定的范围极大,我们从罪章方面观察,则该法分罪为"普通"(Misdrijvin)与"违警"(Overtredingin)二种,打破大陆诸国罪的轻、重及违警三等制;刑制则完全建筑于自由刑之上,而废除不合刑事政策的死刑,至于裁判官之罪刑,尤有绝对的权能,法律仅规定最高刑,而不及于最低刑,所以裁判官对于任何罪犯,都可以处以一日的监禁及半复罗郎(Florin)的罚金,俾刑罚能适合罪犯人的要求,无怪乎法国加罗氏(Garraud)认为荷兰刑法是刑之人格主义极端化的产品[1]。

此外荷属印度曾以这部刑法做蓝本,成立1891年的刑法草案,后稍经修改,而于1918年1月1日颁布施行。

(十一)瑞典(Suède)

瑞典刑法颁布于1866年,中间经过1887年及1890年两次的修改,受荷兰刑法的影响很大,继后政府于1916年又开始重新编纂新法典,草案全部已于1929年告成[2]。

(十二)挪威(Norvège)

挪威旧刑法是在1842年颁布的,后来经过多数单行法的修正,一直实用到1902年,挪威议会才重新编纂刑法,而于1904年1月1日颁布施行[3]。

---

[1] 见 R. Garraud 著前书第186—187页。
[2] 见 Mezger, Strafrecht. Ein Lehrbuch 1931, p. 50。
[3] 挪威刑法典有法文的译本,译者是 M. de Monceau,并且有著名刑法学家 Garçon 的序文一篇,对于该法加以分析,很可参读。

第一编　绪论

（十三）丹麦（Danemark）

丹麦旧刑法颁布于1866年,施行到现在已经将近六十余年,其不能适应社会变迁的要求,自然是意中事,所以丹麦政府最近又起草刑法,而于1933年1月1日起始施行,这部法典,在时间方面固然是世界最新刑法之一,而在内容方面也有很多新颖的地方,譬如废止共犯和从犯的区分,刑期无最高限度的规定,死刑的消灭,监狱学校的创立,以及法官裁量权的扩大等,都足以表示立法者改革的精神①。

（十四）罗马尼亚（Roumanie）

罗马尼亚刑法虽是颁布于1885年,然因政治的纷扰,各国势力的侵入,形成了个破碎的局面,刑法的效力仅能及于国家领域的一部分,其大部分的领域都是适用他国的刑法,譬如俄国刑法适用于卑斯沙锐比省（Bessarabie）,奥大利刑法行于波柯分内省（Bukovine）,匈牙利刑法行于昌斯尔发尼省（Transylvanie）等,大战后俄国的势力虽不复存在,然总计在一国领域内,尚同时受几国刑法的支配,自然不是独立国所应有的现象,所以农民党握得政权以后,就努力于统一刑法的工作,而在1924年由推多锐斯哥（Teodoresco）和阜拉（Pella）起草完成第一次草案,不过内容方面多抄袭法国刑法,后来又曾经修改几次,在1934年确定草案才完全是依照新经典派理论的体系编纂成立,不久大概就要颁布施行的②。

---

① 关于丹麦刑法可参看：Trop, Den danske Strafrechts almindelige。
② 关于罗马尼亚刑法可参看：Tonesco-Doly, Le projet de code pénal roumain Ruvere dedroit pénal et de criminologiieet archives internationales de médecine legale Mai 1935 和拙作《罗马尼亚刑草概述》,载《法学丛刊》第三卷。

(十五)奥大利(Autriche)

奥大利的刑事立法,除了受德国刑法的影响以外,最使人注意的,还是自由主义的充分表现,其现行刑法虽说是在1852年所颁布的,实际上可以说就是1803年刑法的再版,我们若就其内容加以分析,就很容易知道这部刑法不外是康德(Kant)、歌德(Goethe)、雪雷尔(Schiller)诸哲学家理论的结晶品。它在刑罚方面,除了维持正义的必需外,可以算得是欧洲各国的刑法中最宽的一种,在犯罪方面,虽和大陆各国一样采用三分制,可是法官裁量的权限很大,甚得近代刑的人格化理论的精缔,这在当时政治极度专制的奥大利,能有这样进步的刑法典,不能不说是一种怪事。不过要就十九世纪末的刑事学说来说,则1852年奥大利的刑法,反难免"落后之讥"。因为像缓刑、假释等比较优良的制度,在这部刑法里,竟付阙如,自然是一个极大的缺点。最近才仿照德国的制度在1919年制订缓刑法颁布施行,此外奥大利最近刑事立法方面因受"德奥大联合"(Anschluss)政治的影响,将来或者有个新趋势,使现刑法陷于灭亡的途径,也未可知呢。[①]

(十六)爱斯郎德(Islande)

爱斯郎德的刑法典,颁布于1869年6月25日,大半是仿自丹麦刑法[②]。

(十七)芬兰(Finlande)

芬兰刑法颁布于1889年12月19日,而在最近(自1921年以

[①] 关于奥大利刑法可参看：Stooss und Künssberg, Allgemeine Bestimmungen Östorreichisoher Strafgesetzoücher 1909。

[②] 见Liszt, Lehrbuch des Deutschen Strafrechts, p. 97。

后)又屡次加以修改,内容方面,多半是仿自挪威及德国刑法的①。

(十八)爱斯多利亚(Estonie)

爱斯多利亚在大战前适用俄国刑法典,战后用丹麦、挪威诸法典作蓝本,起草新刑法,到1928年才颁布施行。

(十九)雷多利亚(Lettonie)

雷多利亚也是适用俄帝国刑法典的国家,大战时被德国军队占领,所以也就适用德国刑法,战争结束后,已成为独立国,于是在1928年完成刑法草案,而实施于1930年9月25日。

(二十)立陶琬(Lithuanie)

立陶琬尚无正式刑法典,适用苏俄刑法,唯有多数之单刑法,以改正或补充苏俄法典之不适于该国国情或不足者。

(二十一)波兰(Pologne)

波兰在大战前经过了一百二十五年的奋斗,到现在才获得独立,所以在大战前根本就没有自己的刑法,而1871年的德国刑法,1878年匈牙利的刑法,1852年的奥大利的刑法,以及1903年的俄国刑法等,就分别支配了整个的波兰,战后政治上既获得了独立,独立的刑法自然也成了事实上的需要,于是由Mogilnioki及Rappokort两氏组织法律编纂会,在1922年成立刑法草案,而实用于1932年7月11日,这部刑法全篇共二百九十五条,分做四十二章,前面十六章有九十二条,是关于总则的规定,后面二十二章则为分则,其与大陆各国刑法不同的地方,即在于违警罪另成特别法,不

---

① 关于芬兰刑法可参看:Legislation pénale comparée, publiés par l'union internationale de droit pénal, p. 559 à 572。

在刑法范围之内,还有在总则里有保安处分一章,和刑罚并列,这也是和其他国家的刑法典不同一点①。

(二十二)德国(Allemagne)

德意志帝国在十九世纪末叶才正式成立,在未统一以前,没有一致适用的刑法典,各邦都有特殊的刑法,最著名的譬如1768年的Theresiana刑法,1794年的普鲁士刑法,1813年的Baviere刑法,1840年的Brunswick刑法,1841年的Alase-Darmatad刑法,以及1850年的Thuring刑法等,嗣后,联邦政府成立,全国统一,遂于1870年以上述诸刑法做基础,并参考法国刑法,成立草案,施行于1872年1月1日,这部刑法的内容,关于罪的规定是采三分制,责任的基础仍不外着眼于道德,刑的规定因为受拿破仑刑法的影响,比较严酷。大战后德意志共和国成立,仍然适用这部法典,不过对于与国体相抵触的字句略加修改而已。

可是近来德国学者的意见,多主张重新编纂刑法,而有所谓刑法改正运动,政府也以为旧刑法不能适应社会的需要,所以在1925年成立了一部草案。这部草案虽说是成于二十世纪,可是实质上并不能算是一部最新的法典,而无非是新经典派理论的产物罢了。这点我们只要看该草案的起草人埃具尔马耶的言论,就可以知道,他说:"本草案不是根据旧派的主张,也不是顺从新派的意见,其实刑法一事,非仅视为报应即可理解,更应达到教育改善预防保安等目的,所以草案一方不但推广刑罚范围,即刑之最

---

① 波兰新刑法曾由胡养蒙君译为中文,登《法学丛刊》第二卷第十期及第十一期,至本书所用引据者乃胡君修正后之译稿,故与登出之文字稍有不同,此外读者尚可参看:Les tendances actuelles du droit pénal et la réforme en Pologne, Rapport de M. Stefan Glaser。

(Revue Pinitentiaire et de droit pénal et etudes Criminologiques, Juillet Decembre 1931, p. 105.)

低限度亦务不加限制，他方仍采用责任的原则，不过在条文中避免'责任'（Schued）和'有责'（Schuedhaft）等字样，仅言因故意或过失而为犯行者处罚之（第十二条）而已。"看了这段话，我们可以知道德国1925年的草案，是一方承认实证派的理论，以教育改善预防保安为刑罚的目的，他方又承认责任的原则，所谓既不偏左，又不向右，新经典派理论的真谛，即在于是吧！此外还有一点值得注意的，是该草案没有名誉刑的规定，这实在是该草案最大的特点之一。

自希特拉所领导的国社党掌握政权以后，刑法思想又因之起了重大的变化，一般学者都有从个人主义的刑法、自由主义的刑法，甚至于社会主义的刑法的概念，而走到权力主义的刑法或者民族主义的刑法的观念的趋势。认为以前一切的刑法，都该随着政权而变更的必要，才可以使民族诸势力，能够强固凝结，克服阶级对立，造成民族高于一切的思想。因此，国社党政府在1933年制订法律，对德国刑法加以重要的修改，而实施于1934年1月1日，这部刑法——《关于危险的常习犯人及保安矫正处分法》（Gesetz gengen gefährliche gewohnheitsverbrecher und über Massregeln der Sicherung und Besserung vom 24，November 1933）——内容共分常习犯加重例，保安处分例，和其他三部，刑罚比较严酷，注重犯罪的素质原因，表示权力主义和民族主义的特点，这种新式的刑法，是否合于德国的需要，目前施行的时间尚短，我们自然无法批评，只好待施行的结果来告诉我们吧①。

---

① 关于德国刑法可参看：Lehrbuch der Deutschen Strafrechts, Liszt, 1932. Libaraie oder Autoritase Strereform, Von Qüntber, 1932。

中文方面可参看：《德意志刑法思想之危机于国家理念之转变》，戴天球译，登《法学丛刊》第二卷第五期，及刘陆民君作《德国国社党之刑法思想与刑法修改》，载《法学丛刊》同卷第十期。

(二十三)匈牙利(Hongrie)

匈牙利在从前是适用奥国刑法的国家,到1878年才编成刑法典草案,而实施于1880年9月1日,该刑法大半是仿照德法两国的刑法,所以也不外是新经典派的产品,此外在1908年曾颁布儿童犯罪法为刑法补充法之一种。

(二十四)巨克斯拉夫(Yougoslavie)

在大战前的巨克斯拉夫原是西尔比(Serbe)奥大利及克罗提(Croatie)三部刑法施行的所在地,既获得独立之后,刑法自然是随着政治的变迁而有另行编纂统一的必要,所以在1929年就公布新刑法,施行于1930年1月1日,这部刑法是基于国际刑法联合会的原则,并以德国的刑草作参考制定的,故内容方面也较为新颖,除犯罪采用二分制不与大陆诸国的刑法雷同外,关于保安处分,及职业犯罪者的科刑,尤其很多独到的地方,似乎是近代欧陆各国较可注意的一部新法典[①]。

(二十五)捷克斯拉夫(Tchécoslovaquie)

捷克斯拉夫是欧战后新产的一个国家,当其获得独立之初,不用说,全国的情形是纷歧混乱。各地的法制自然也随着"各自为政"而有不同,援用1852年的奥大利刑法者有之(如在Böhmen、Mähren及Schlesien等地),适用1878年的匈牙利刑法者亦有之(如在Slawakien及Russich-Subkarpathien等地),此种畸形状态,虽属国家成立过渡时代所难免,然此新兴猛进的青年国家,讵能久耐法制不统一的弊害,果然在停战的翌年,就由布拉格大学(Progue University)教授米锐加(Miricka)领导,以瑞士和德国的刑草做蓝本,而

[①] 关于巨克斯拉夫刑法可参看:Rapport du Do. Soubotitch sur le Code Pénal yougo-slave, Bulletin de la Congres Péntentiaire InternationaletI, p. 103 et sui。

努力于起草刑法的工作,1922年刑法准备草案完成,继后又经过数度的修改,在1926年正式草案的工作,才算告毕。这部草案的立足点,虽仍不外是道德责任主义,及采用经典派的犯罪三分制,但是比较法国的刑法,则确有显著的进步,譬如法官裁量权的扩大,刑法极度人格的规定,都是刑法科学化的表现,还有重罪和轻罪的区分,不以社会因行为所受实际损害的大小,或者刑的轻重做标准,而以行为者的动机是否为满足"卑劣"(Niedrig)的情操以为断,尤其是捷克刑法抛弃陈腐的客观主义的明证。此外在这部刑草里,没有未成年人刑事责任的规定,而任特别刑法去规定,这也是捷克刑草与众不同的一点①。

（二十六）意大利(Italie)

素有"刑法祖国"(La patrie du droit pénal)称号的意大利,在统一之前,共有两种刑法,一是Toscane之1853年刑法,另一是Sarde之1859年刑法,这两部刑法根本不同的特征,就是死刑存废的一点。等到统一告成,统一之刑法就在1889年完成实施。这部刑法虽是诞生于拿破仑刑法典风靡一时之后,可是受它的影响很少,其本身另有学说的基础,尤其是重视刑事政策的运用,和法国法表示显著的不同。因为当时意大利的曼西理(Mancini)和加拿拿(Carrara)等学者所倡导的"新经典派"(Neo-Classique)正是极一时之盛,1889年的刑法就是这种时代的产物,所以我们可说1889年的刑法,是新经典派的刑法。继后郎卜罗梭(Lombroso)、费利(Ferri)、加洛法罗(Garofalo)等学者出,创立实证学派,探索

---

① 关于捷克刑草可参看拙作《捷克斯拉夫刑草之特点》一文,载《法学杂志》第六卷第六期。

犯罪的原因，否认人类的意志自由说，以前的刑事学理，几乎是要全部推翻，那么刑法改造，就成了必要的事，所以1921年又由费利氏起草实证派的刑法草案。这部草案的内容，较之以前的刑法典，真可以说是一种重大的革命，因为在责任方面居然抛弃了道德责任之概念(L'idée de responsabilité morale)，而代之以法律责任(la responsabilité légale)或者说社会责任(la responsabilité sociale)的原则，在刑法方面把以前维持正义、威吓、报复等观念，一扫而空，刑罚无非是认为"社会防卫的方策"(Mesures de defense sociale)，这种大胆的改革，自然被一般保守派的学者所反对，兼之莫沙里利柄政，厉行法西斯蒂主义，这部实证派的刑法，就成了昙花一现的命运，这在意大利可以算得是刑法的第二时期。最近所谓法律专门学派(L'école téchnico-juridique)成立，十足的法西斯蒂式的刑法，也就应运而生，一般学者们所说的刑法的第三时期就是指此而言的。查此次刑法完成于1930年10月，实施于1931年1月1日，共九百三十四条，实为各国最繁杂的刑制之一，刑法方面难免有恐吓的意味，将来是不是有"法令滋章盗贼多有"的弊病，那就要待施行的结果来告诉我们了①。

（二十七）希腊(Grèce)

希腊刑法典颁布于1834年，是用德国白非耶(Baviere)邦1813年的刑法做蓝本制定的，施行到现在，已经有一百年，虽经过数度的修改，但是原则上并没有很大的变更，犯罪仍是三分制，责任问题更不外乎道德的观念，近来希腊的学者因为受了新刑事学说的影响，极力主张重新修改刑法，所以在1924年有新刑法草案成立②。

---

① 意大利新刑法已由董康、贺圣鼐译为中文，登《法学杂志》第六卷第六期及以后。
② 见 Le droit criminel, notice Par Constantin A. Kypriades, pp. 238—240。

(二十八)土耳其(Turquie)

土耳其在土希战争以前,有 1858 年的刑法,完全是仿照法国 1810 年的刑法制定的,形式方面固然是抄袭了法国的犯罪三分制,而条文自第四十八条以次,实在就是法国刑法第七十五条以后各条的化身,不过实质上的刑罚,比较法国的刑罚更要严酷而已。继后楷磨尔(Kamel)柄政,对于国内一切的制度,均主张革新,所以积极参考各国的刑事制度,(关于意大利刑法采纳的地方尤多)和最新学说,而完成一新刑法典,实施于 1926 年 3 月 1 日,刑制仍比较各国的要严些,这或许是革命后的一种反常现象吧[1]。

(二十九)保加利亚(Bulgarie)

保加利亚原是适用土耳其刑法的所在地,继后于 1896 年 2 月 2 日正式颁布刑法典,这部法典是以匈牙利 1880 年的刑法和俄国 1885 年的刑法草案做蓝本制定的,大体和希腊刑法相同,其不同的地方,就只有犯罪的二分制而已,不过近来该国学者多半主张修改这部刑法,所以目前私人所拟的草案极多[2]。

(三十)亚拉伯(Albanie)

亚拉伯目前还没有法典,适用土耳其的刑法。

(三十一)苏俄(U. R. S. S.)

苏俄在帝国尼古拉(Nicolas)时代,适用 1845 年所颁布的刑法,该法条文既属复杂,而刑罚的规定更是极尽残酷的能事,真足以表现专制制度的淫威。后来在 1903 年曾根据国际刑法联合会

---

[1] 见 Donnedieux de Vabres Cours de Droit criminel approfondi, Introduction à l'etude du droit compare, p. 72 et sui。

[2] 可参看:Sammlung ausserdeutscher Strafgesetzbucher No. 12 Das Bulgarischa Strafgesetz。

的原则,重新制定一部刑法,然而实行未久,就产生了十月大革命,一切旧有的制度,既经推翻,共产政府本有即时制定新刑法的必要,可是在那百废待举的草创时期,一时真不容易产生一部完备的法律,所以在 1918 年 2 月 17 日共产政府只好颁布这样一个命令,即"凡以前法令除已明令废止或与社会主义之革命精神相违反者外,得适用于新法院"。由这个命令解释,则当时革命政府还没有意废止以前一切的刑事制度,是极为明显的事,然而以资本主义平常的刑法,来应付这个非常的时期,其结果之会使反革命的势力得着抬头的机会,以至于政治情势发生极险恶的状态,是为势所必然的。于是政府遂又于同年十一月三十日颁布一个命令:"革命前的法令,均不适用",而另方面又没颁布新法,所以其能作为罪刑的根据的,就只有所谓法官的"革命的确信",这种变迁的结果,是法官可以任意科人以反革命的罪名,同时又组织非常委员会,以镇压反革命、贪污、暴力以及其他破坏行为为目的,凡是对于苏维埃政府有危险的事项,不用遵守任何法律的程序,也不用依据何项法律,就可以用严厉的制裁,这就是所谓"不妥协时代"(La période d'intransigeance)。

继后,司法人民委员会颁布《苏维埃俄罗斯共和国刑法指导原则》,作为罪刑的根据,这是革命时期中唯一的成文刑法,其实这部原则极为简略,其最重要的部分还是该原则的序文,因为由此可以使人知道苏俄刑事立法旨趣之所在,尤其是以下的一段:"劳工阶级,既推倒资产阶级的国家组织,以前的法律,只有完全废弃,因为这些法律,系以资产阶级与地主阶级的统治做目的,现在我们有了两年的经验,——劳工阶级与反对新制度者斗争的结果——深知不能不利用有效的法律,尤其不能不利用刑法,以反抗资产阶级的统治,所以在目前的过渡时代,刑法的目的,应在抵制反对新制度的人,兹为完成苏维埃机关的任务起见,特公布刑法指导原则。"

苏俄既重视刑法的政治性,所以政治的变迁,同时就是刑法的变迁,换句话说,在苏俄刑法是随着政治的演进而改革的,所以在革命后,刑法曾经过多次的修改,最显著的是1922年和1928年的两部刑法,前面一部刑法,是代表新经济政策(N. E. P.)时代的要求,完全着重于工商业的发展,刑事理论是调和新经典派和实证派二者之间的,刑罚采用刑罚和保安处分的二元规定,较之各资本主义国家的新兴草案,除了否认"法无明文不罚"的原则以外,几乎找不出什么不同的地方。而后面一部刑法可就不同了,它代表五年计划的精神,同时也就是所谓"新的不妥协时代"(La période nouvelle d'intransigeance)的刑法,抛弃以前折中的态度,在理论方面,完全接受费利(Ferri)的学说,无所谓刑罚,只有一元论的保安处分,这实在是一部最新颖而又最可注意的刑法典①。

(三十二)埃及(Egypte)

埃及第一次刑法典成于1904年,后来因为政治关系,又以法国刑法做蓝本,制定新刑法,实施于1912年6月8日。

(三十三)日本

现在的日本,虽然是个法制比较完备的国家,但是就其演进程序观察,则较现代任何文明国家的刑法都要迟些,尤其是刑法上的

---

① 研究苏俄的刑法,实在不是一件容易的事,因为材料既不充分,而有的材料,又未必真确,这是国际上歧视苏俄的结果。本节系根据日本小野清一郎所著《苏维埃俄罗斯之刑法》一文所编,而小野氏又是根据Jaitacff, Das strefrecht sowjetwislend一文做的,总算是比较可靠的言论,至于1928年的刑法,在中国已由申德禅君译作中文(商务),可备参考。

报复和神权的思想,绝迹更晚。这只要看孝德帝以前(日本固有法时代)法制混乱时代的情形,就很容易明了。在那时有所谓"天罪"和"国罪"的分类,所谓天罪,是对于天神的犯罪,而国罪就是指对于地祇的犯罪而言。诉讼时又有富于神意的热汤审,刑罚中的被刑,更是宗教思想的表现。而在社会方面,所谓英雄思想(恐怕就是渊源于报复的观念吧)尊崇祖先神祇等,都是普遍的习俗,这或者就是刑法充满报复和神权观念的基础吧!

在孝德帝以后,法律的观念就渐渐地变迁了。因为那时他们派了很多学生来我国求学,而我国的法制的精神,就由他们转运回去,作为编纂法典的根据。譬如天智帝律令,持统帝三年颁布于有司之令、大宝律及大宝令,元正帝养老律、弘仁格、贞观格、贞观式、延禧格和延禧式等,几乎没有一种不是仿照我国法律的,无怪乎一般学者都说那是中华法系时代。

继后源赖朝为征夷大将军,建霸府于镰仓,(吾国宋孝宗时)武人专横,政府的法令不特不能使军阀遵守,而且他们还各自制定法令,这混乱状态一直延长到明治时代,也就是所谓法治的尚武时代。

明治维新在日本历史上,是最重要的一页,而在刑法方面,也可算是极可注意的时期。最初在明治二年就着手起草新律纲领,三年十二月告成,当时公布之上谕文曾有这样一段:"朕命刑部,改撰律书,乃进纲领六卷,朕与在廷诸臣议以允公布,内外有司,其遵守之。"原来新律纲领,虽是广布于世,而实际上是以"有司"做主体,可见当时还不过把法律看做对官吏执行职务上的一种训令而已。尔后朝野上下都服膺于维新之说,法律自然也不能不仿照欧洲的,所以在明治六年就聘巴黎大学教授波圭松拉德(Boissonade,

1824—1910）为法律顾问，以法国刑法做蓝本，而起草正式的刑法，经审查委员会的讨论，付元老院研究，于明治十三年（1880年）一月议决，七月十七日公布于太政官布告第三十六号，这就是目前所称的旧刑法，同时在日本也就是第一个规范略具的刑法典。这部刑法自明治十五年一月一日起，实施至明治四十一年九月止，支配日本全国凡二十五六年之久，其有助于维新的推进，自然是不言可知了。

　　旧刑法施行二十多年以后，日本国情已非民治之初年所可比拟，而世界刑事学说又起了重大的变化，刑法全部改正的议论，因之兴起。于是司法省在明治二十五年一月就从事审查旧刑法，工作四年，成立第一次草案，继后更设立法典调查会担任修改草案的工作，而成立第二次草案，提出于议会，谁知竟不能获得议会的协赞，只得再组织刑法调查会，以司法大臣松田正久为会长，网罗朝野刑法学家，并参考德国刑法，作成第三次修正案，再提出于第二十三次议会，才得两院协赞，明治四十年四月二十四日裁可公布，四十一年十月一日施行，日本一般学者所谓"新刑法"就是指此而言，同时这也就是日本的现行刑法。

　　新旧两刑法根本不同的地方，就是在于旧刑法是采用绝对的罪刑法定制，而新刑法是适施相对的法定制。譬如旧刑法第二条规定"法律无正条者任何行为均不得罚"，这不用说是仿效法国刑法保护人权理论的法律中心组织，所以重罪有重罪刑的规定，轻罪有轻罪刑的规定，其结果只要杀了人，不管情状如何，决不能与死刑、无期徒刑相隔太远，窃盗者不管他如何为常习的或营业的，只科以数月，最长不过科以数年之刑，然而新刑法则着重于犯人主义，审判官有充分的罪刑裁量权，这自然是日本刑法进步的地方。

近来日本又有改正刑法的呼声,法制审议会在1926年曾起草修改刑法之具体的方针四十条,交司法省作为刑法改正的张本,1927年6月14日改正案完成,其要点较之现行法减少死刑及无期徒刑之刑之罪,而新增居住限制之一种刑罚,对于有夫之妇犯奸者与有妇之夫犯奸者同一处罚,这在极度男权社会的日本,不能说不是一种重大的改革①。

(三十四)韩国

韩国本是我国的属国,自从被日本吞并以后,就成立了一部完全仿自日本的刑法典,实施于1908年8月1日②。

(三十五)暹罗(Siam)

暹罗刑法典是以法国的刑法做蓝本制定的,实施于1908年9月22日。

(三十六)阿根廷(Argentine)

阿根廷的现行刑法,是在1921年颁布的,其内容除仿效西班牙的刑法外,多半是依照实证派的理论,刑罚方面完全接受教育刑主义,所以绝对废止死刑。

(三十七)乌拉圭(Uruguay)

乌拉圭的刑法,是在1889年公布的,而其实施期则为1890年6月18日,其内容大半是意大利的刑法。

---

① 关于日本刑法,在日文方面,大场茂马、牧野英一和泷川诸教授所作的刑法读本,都是极好的参考书,在中文方面,沈川幸展著刑法读本已由陶希圣、黄得中合译为中文(新生命书局),《日本刑法改正案》也由胡长清译出(上海法学编译社),都可作为参考。

② 可参看 Cremazy, Le code pénal de la Corée。

(三十八)巴西(Brésil)

巴西刑法施行于 1900 年,也是西班牙的继承法。

(三十九)智利(Chili)

智利的现行刑法,是施行于 1874 年 10 月 12 日的,不过在 1917 年曾普遍修改过一次。

(四十)玻利菲亚(Bolivie)

玻利菲亚的刑法施行于 1834 年 11 月 3 日,其内容大半是仿效法国刑法的。

(四十一)秘鲁(Pérou)

秘鲁第一次刑法实施于 1862 年,继后时移世变,昔日的旧刑法,自然不能适应新时代的要求,所以在 1924 年 6 月 28 日,复制订新刑法,颁布施行。

(四十二)厄哥多尔(Equateur)

厄哥多尔的现行刑法是在 1906 年颁布的,后来在 1911 年曾经修改过一次,目前仍属有效。

(四十三)哥伦比亚(Colombie)

哥伦比亚旧刑法施行于 1890 年,在 1924 年 1 月 1 日又颁布个新法典,叫做新刑法。

(四十四)委内瑞辣(Vénézuéla)

委内瑞辣在 1904 年已经有刑法典,后来又重新制定新刑法,施行日期是 1926 年 6 月 6 日。

(四十五)哥推马那(Gautemala)

哥推马那现行刑法实施于 1889 年 2 月 15 日。

(四十六)巴拿马(Panama)

巴拿马刑法实施于 1922 年 11 月 17 日,其内容大半是袭用法国的刑事制度的。

(四十七)高士特尼加(Costa-Rica)

高士特尼加的刑法典成立于1880年,系仿自西班牙刑法,可是最近又采用最新学说,制定新刑法,而实施于1924年。

(四十八)古巴(Cuba)

古巴目前有两部刑法草案,一部是由 Ortiz 氏起草的,内容比较新颖完全,以实证派的理论做根据,还有一部是由 Vicites 氏起草的,内容还是脱不了经典派陈旧的观念,将来是哪一部草案能够实施,目前尚难逆料呢![1]

(四十九)圣玛郎(Saint-Marin)

圣玛郎刑法系施行于1865年9月15日。

---

[1] 见 Schoen, Ein Kubanischer Strafrechtsendwurf, Deutsche Juristenzeitung 1931, No. 24, p. 1519。

第二编 总论

第一章 法例

第一节 罪刑法定

所谓罪刑法定主义,就是一切犯罪构成的条件和刑罚的轻重,概由法律规定,凡是未经法律规定的行为,均不能认为是犯罪行为。这个原则在罗马时代,本来就有人提倡,而形成所谓"无法律则无刑罚"(Nulla Poena sine lege)的格言。后来各国历代帝王都实行专制制度,一切诉讼事件均随其意志为转移,这个富于限制性的原则,自然不得存在,而造成法官擅断时代。一直到法国大革命产生,《人权宣言》第八条才规定,"法律除有绝对的必要外,不得定以刑罚,无论何人非依犯罪前已制定的合法法律,不得处罚。"从此以后,罪刑法定主义遂变成了各国刑法不易的原则。

这个原则,在现在看来,自然是平凡得很,可是在当时确是思想上一大革命的表现,因为当裁判官违背法律判断案件的时候,民众可以指摘他的违法,而主张自己的权利,与以前裁判官可以任意科刑相比较,实在是个惊天动地的变动了。

可是近来刑法上又发生新的理论,就是舍去从前的犯罪主义,而代以犯人主义。在以犯罪主义做体系的刑法,自然可以实用罪刑法定的原则,但是在犯人主义支配之下,罪刑法定的原则就不大容易立足,而有扩张裁判官的权限的必要,准许他们有"比附援引"的权力,因为世事的变迁无穷,而法律是有缺陷的,以有缺陷的刑法,去应付多变的事态,多种的人格,自然非抛弃罪刑法定主义不可,所以目前各国立法例有下列两种：

（一）适用罪刑法定主义,否认法官比附援引的权力。这类的立法例,又可以因为用明文规定与否分作两种：一种是在刑法典里有罪刑法定的明文,譬如法国刑法第四条规定"行为前之法律无罪刑之规定者,不得科以违警罪、轻罪或重罪之刑罚",德国刑法第二条"行为之处罚,以行为前法律有刑罚之规定者为限",意大利刑法第一条"不问何人,非为法律正条有明文规定者,不罚,又不得处以法律未定之刑",荷兰刑法第一条"不论何人非据犯罪前既公布之刑法规定,不得罚之",纽约刑法第一条"自本法施行之日起,除本法或于未废止州令有禁令或勒令者外,无论其他何种之作为或不作为,不得以之视为犯罪或处罚之",智利刑法第十八条"无论何种犯罪不得于其犯罪前施行之法律所定之刑罚外,而科以其他之刑",日本旧刑法第二条"法律无正条者无论何种行为不得处罚之",以及我国新刑法第一条"行为之处罚以行为时之法律有明文规定者为限"等,都是这类的立法例。

还有一种立法例是认为罪刑法定系刑法上当然的原则,没有明白规定的必要,而且宪法上普遍都有"非依法律不得处罚"的明文,刑法自然得受宪法的拘束,更无容再为"叠床架屋"的规定,譬如日本、丹麦、挪威、瑞典等刑法,都是属于这一类的。

（二）相对实用比附援引的制度。这类的立法例,目前尚少,可以举作例子的,就是苏俄刑法第十条规定"凡本法未经分别规定之各项犯罪行为,应比附本刑法已规定而与该犯罪行为之重要部分及种类,较为近似的条款,并参照本刑法总则各原则科刑,或适用社会保障法",这可以说是近代刑法上一种大胆的规定。其1928年的修正法第六条更规定"凡对苏维埃之积极行为或消极行为及破坏共产主义过渡时期内劳农政府所定之法的秩序者,均得认为危险于社会的犯罪行为",这无异乎是明白承认法官有在"维持社会秩序"大原则之下,有罪刑的绝对权。

看了以上两种立法例,虽采用罪刑法定主义的比较多些,然而我们并不能就认为这种制度是万无一失的,因为罪刑法定主义理论的基础,不外人民权利的保障和三权分立两种,关于人民权利的保障问题,在十八世纪初期专制的帝王恣意横行,为防止他们的擅断起见,固然有罪刑法定的必要,作为人权的保障,但是到现在这种政治上的原因,是否仍然存在已属疑问,就退一步说政治的情况依然如旧,而罪刑法定之说,也不见得就能保障人民的权利。最明显的,譬如我国是采用罪刑法定主义的国家,司法界的情形如何?人民权利的保障问题又如何?这恐怕不待智者就明了了吧。这不只于就消极方面说呢!在积极方面,这个原则还有极大的弊端,就是法官变成了一部宣告罪刑的机器,不能合乎变迁无穷的社会情况,而使刑法的功用完全丧失,甚至于使刑法变成了犯罪的原因。至于三权分立的理论,若是适用到极端,本来就有很多缺点,尤其是置刑法上最重要的原则于不顾,以求完成其理论,更非所以保障社会之道。至于推翻罪刑法定的原则,提倡适用比附援引的制度,是犯人主义和法律之缺陷论的必然结果,罪刑既以犯人做标准,而与行为无涉,则法律无从一一为之规定,而不能不承认裁判官的罪刑权。况法律是一成莫变的,其本身就有不足适应社会情况的缺陷,非认裁判官适用比附援引的方法,就不足以补救,这就是二十世纪有自由法运动产生的原因,①同时也就是苏俄刑法第十条大胆的规定的根据。王觐氏说:"擅断主义有审判专横之弊,法定主义有不能应情科刑之缺点。"②前者是人的问题,后者是制度本身的问题,人的问题还易于补救,而制度问题,就非改造不可,所谓"因噎废食",真可以说是为罪刑法定主义写照的了。

第二节 刑法关于时的效力

法律适用期间,在原则上是自施行之日起,至明令废止或者有相抵触的新法产生之时止,在新法产生前,已经判决的行为,不受影响,这叫做"法律不溯既往",这个原则自《人权宣言》第八条确定以后,就为各国所公认,一直到现在,各国刑法都仍保守这个原则,而禁止在行为后立法罪刑。

法律适用期间的问题除了不溯既往的原则以外,还有一种情形,各国的规定可就有很大的出入,譬如,行为时和行为后的法律,都认为有罪,而新法产生的时期又在裁判确定以前,究竟应当适用行为时的旧法,还是裁判时的新法?各国立法例关于这个问题的规定,有下列四种:

---

① 自由法运动是发源于德国的 Sitelmann,他以法律缺陷的论调提倡法律应当采自由解释方法,后来,法国现任郎西大学(P'Université de Nancy)教授单利(Geny)氏又著《私法解释论》一书,认为解释法律,应依自由学术之基础,使法律成为适于实际生活的"活的法律"。

② 王觐著《中华刑法论》第71页。

(一)从旧主义 所谓从旧主义,就是以新法概不溯及既往的行为为原则,认为犯人在犯罪的时候,已经取得受当时法律制裁的权利,不能因行为后有新法产生,而有所影响,譬如英国就是采用这种主义的国家,①不过我们以为人民对于国家似乎不应当有所谓受刑的权利,况且既颁布新法就是表示社会的公意是认为旧法系不合时宜的制度,如今若是再从旧法,岂不是与制订新法的意义相左吗?

(二)从旧法但新法较轻者从轻 这还是以法律不溯及既往为原则,不过当新法比较轻些的时候,就从轻法处断;采用这种主义的国家很多,譬如法国的1810年7月23日的《刑法施行法》第六条:"本法之刑较旧法之刑为轻者,依本法处断,"比利时刑法第二条:"裁判时所定之刑与犯罪时所定之刑不同者,适用轻刑,"挪威刑法第三条第二项:"处断各案件之际,有效力之法律,比行为时之法律对于被告而生有利之断案时,应适用其规定",葡萄牙刑法第六条:"除下列情形外,刑法无溯及既往之效力,……(二)犯罪时法律所定之刑,与嗣后法律所定之刑不同者,对于刑罚宣告未确定之犯人,适用最轻之刑……"巴拿马刑法第五十七条:"凡刑法以利于犯人者为限,有溯及既往之效力",以及荷兰刑法第一条第二项、西班牙刑法第二十三条、匈牙利刑法第二条、暹罗刑法第八条、埃及刑法第十九条、智利刑法第十八条、阿根廷刑法第四十八条等。

(三)从新法但旧法较轻者从轻 这种制度是以新法溯及既往

---

① 前法律馆草案理由谓英国是从新主义的国家,似属不确,虽然英国于时之效力没有明文规定,但其判例都主张从旧法,这只要看斯梯芬(Stephen)所著《英国刑法概论》(A General View of the Criminal Law of England, ch. Ⅳ)就可知道。

行为做原则,而以行为时之法律较轻时适用行为时之法律为例外,采用这种制度的国家,譬如奥大利刑法第八十一条第二项:"对于新刑法施行前所犯之事实,于其法律效力开始后为裁判时,应适用新法,但于行为时之法律对于行为人更有利者,不在此限",我国刑法第二条:"行为后法律有变更者,适用裁判时之法律,但裁判前之法律有利于行为人者,适用最有利于行为人之法律",日本1927年6月14日刑法改正草案第六条:"犯罪终了后,法律有变更者,适用判决时法,但不得处罚依犯罪时法不应处罚之行为,或科较犯罪时法所定之刑为重之刑",及瑞士等州刑法。

上述(二)(三)两说,有的学者概称为从轻主义。① 但是这两种制度也有不同的地方,譬如新旧两法所规定的刑罚,虽没有轻重的分别,而其他问题(如犯罪之定义或文例等)有不同规定的时候,则从新从旧的问题就发生了,所以法律不得不以明文规定,这也就是两制度根本不同的地方。

此外,从轻主义还有两点应当注意的:一是所谓轻重,系专指刑罚而言抑兼比较刑以外之事项?(例如时效)关于这点各国刑法的规定也可分作两派,采用前说者,有日本、比利时、智利、丹麦、葡萄牙、墨西哥及我国旧刑法等,采用后说者有德、法、意、挪威、瑞典、奥大利、逼罗、埃及等刑法。二是所谓轻重,系专比较行为时与裁判时之两种刑法,或兼比较两时期内所颁行之一切的法律?采用前说者,有挪威、瑞典、逼罗和我国旧刑法等,至于采用后说的,则有德国、日本、法国、意大利、匈牙利、我国等。

---

① 譬如日本冈田朝太郎在其所著《日本刑法改正案评论》一书里(第五章)就是这样叙述的。

（四）从新主义　这种制度既不承认法律不溯及既往的效力，也不问孰轻孰重，一概适用裁判时之法律，因为既制定新法，就是旧法不合时宜的明证，怎可还适用与现社会相左的旧法，所以苏俄刑法施行法第四条和瑞士数州的刑法以及我国暂行新刑律第一条，都这样规定的。

上述四种制度就目前各国立法例而论，自然要以从轻主义为最多，我国新刑法及旧刑法之所以舍弃暂行新刑律之从新主义，或者就是鉴于大多数刑法都是这样规定的吧！不过据王宠惠氏的意思，以为"第一主义（从旧主义）已成陈说，固不足采，但是概从新法也是弊多利少，如新旧法轻重相等，或新法轻于旧法，其结果与第二第三主义无异，如新法重于旧法，概从新法，则流弊易生，盖刑罚追溯既往，则人民生命安全常为立法者所左右。今日所犯轻罪，明日将为重罪，人民常怀疑惧，则刑罚所以保护者，适以危害之，……而且科犯人以事后之重刑，尤欠平允。"[①]这种理由，似乎不足非难从新的制度，因为人民生命安全，原就赖立法者的立法保障，若是对于平日所倚赖保障的立法者，仍不信任，而必欲设法加以限制，则此限制亦将未必有效，而且"立法以斟酌社会情势，适应实际之需要为主，故损益之间，有改重为轻者，有改轻为重者，旧法之轻重，既不得其宜，而颁所以信为最良之新法，乃仍采用旧制，颁行新法之本意何在耶？况所谓刑有轻重，乃既成文规定解释上之形式，而于制度上之当否，并无轻重，如谓新法已得其宜，复何有于轻重宽严乎？"[②]

[①]　见刑法第二次修正案理由书第一页。
[②]　见冈田朝太郎著前书第六章。

至于专就从轻主义而论,作者则以为第三制度较之第二制度为妥,这是新法优于旧法一贯的理论,我国刑法采此制度,自然算得是差强人意,不过在比较方面,法律既不限于行为时及裁判时两法,而所谓轻重,又不仅指刑罚而言,无论在法理上或者在实用上,都是美中不足的地方,以后刑法若再有修改的机会,即或不能采用从新主义,亦当恢复旧刑法的制度,比较恰当些①。

第三节 刑法关于地的效力

刑法关于地之效力,在学理上虽有种种派别的不同,但是随便哪一派的理论,都不能单独合于实际的应用,所以各国立法例大都兼采多种学说,以冀图刑法的效力能够充分发展,不过也有少数国家,因特殊情况,而有不同的规定的,这里就依据各种学说,述其梗概于后:

(一)领域主义 这派的理论,是根据主权实施于一国领域的主张,认为凡在其领土、领空、领海及其船舰内为犯罪之行为者,都应当不问罪质的分别,犯罪者国籍的不同,一概从本国法律处断,因为不是这样,就不足以言主权的完整,所以目前各国都以这种主义做原则,譬如苏俄刑法第二条:"本刑法之效力,凡在苏俄领域内犯罪者,一律适用,……"及第四条:"外国人在苏联领域内犯罪时,照犯罪地之法律处断",意大利刑法第三条"意大利刑法于国内居

---

① 关于这个规定的得失,其详情可参看拙作《论刑法修正案第二条但书之规定》一文,载《正论旬刊》第一卷第四期。

住内外国人适用之……"法国民法第三条第一项"法国一切警察法及治安法律,实施于一切居住于法国领域之人",日本刑法改正案第一条:"本法不问何人,于帝国内犯罪者,适用之",荷兰刑法第二条:"荷兰刑法不问何人,在王国犯罪者适用之",和我国刑法第三条:"本法于在中华民国领域内犯罪者,适用之"。这种制度,在领域主权上,固然算是一贯的解释,但是还有不完备的弊病,因为一国的主权,不特要实施于其整部的领域,同时并且要达到全国的人民,所以又有所谓属人主义,来补充这制度的缺陷。

（二）属人主义　人民有遵守其国家法律的义务,所以在学理上又有所谓属人主义,这就是说,不问人民居住的地方,是国内,抑是国外,其犯罪行为,都该受其本国刑法的支配。这种制度在理论上,固然不错,不过若是适用到极端,则在均足以妨碍他国的领域主权,现在各国所以除了在原则上采用外,普遍都加以相当的限制。譬如英国法的限于杀人罪、重婚罪、海盗罪、外患罪、谋叛罪等,这可以说是各国中限制比较严的。此外,各国对于本国人在外国犯侵害国家罪和伪造货币罪的,适用本国刑法,其他的犯罪,则各国立法例多附以不同的条件。像德国刑法第三十四条规定以其行为所在国家的和本国的法律,皆以为罪者乃罚。法国刑法诉讼法第五条第一项规定一切重罪行为虽在国外均处罚之,至于轻罪就要所在国的法律也有处罚的规定,才能适用（同条第二项）,行为完成后之取得法国国籍者,亦同（同条第三项）。荷兰刑法第四条第五项规定海盗罪,和第五条第二项规定犯罪地的法律,也认为是犯罪的行为则均罚之。意大利旧刑法第五条及奥大利刑法第四条都规定限于重罪,日本刑法第三条的规定,其限制更比较他国要宽些,至于苏俄刑法的第二条及第三条几乎就没有限制了。

（三）自卫主义　以上所述之领域主义，既是限于本国区域内的犯罪行为，而属人主义，又是限于本国人之在国外犯罪的，那么若是犯罪地既在国外，而犯罪者又是外国人，则无论领域主义或者属人主义，都不能适用本国刑法，但是犯罪若是损害本国的法益，而本国刑法也没有效力，就不足言法律保障之道，所以在学说上又有所谓自卫主义。目前各国采用这种主义的，大都限于侵犯国家罪，或损害其信用罪。譬如法国刑事诉讼法第七条："外国人于法兰西领域外，犯侵害国家安宁之重罪，或伪造国玺、通用之货币、纸币、或经法律许可发行之银行券罪，无论主犯或从犯，在法国被捕，或由外国政府引渡，均适用法国法律。"波兰刑法第五条："于外国人在外国时对于波兰国家、波兰国民、或波兰法人之财产或利益而犯罪者，适用之。"同法第八条："不论犯罪地法律之规定及犯人之国籍如何，于国外领域犯下列各罪者，依波兰刑法处断，（甲）危害波兰国家对内对外之安全罪，（乙）侵害波兰国家之公署及公务员罪，（丙）于波兰国家之公署所为之伪证罪。"意大利刑法第七条："内国人或外国人于外国领域内犯下列各罪者，依意大利国法处断，（一）对国家之人格罪，（二）伪造国玺及行使国玺之罪，（三）伪造于意大利国内法律上流通货币、印花税或意大利公共信用证券罪，（四）公务员关于国家职务犯滥用职权罪，或违犯职权上义务罪，（五）犯其他法律之特别规定，或国际协定，应适用意大利刑法情形之罪。"这个条文是以罪质做标准，不问犯罪主体为本国人抑为外国人，都适用意大利法。又同法第十条规定："外国人于第七条及第八条规定以外之情形，在外国领域内对国家或国民，意大利法律规定处死刑或徒刑或短期一年以上惩役犯罪时，待本犯回至国家领域内，依本法处断。"是对外国人在外国犯罪之一种概括规定。此外像德国刑法第四条、墨西哥刑法第一百八十六条、荷兰刑法第四条及第五条、日本刑法第二条及第三条、我国刑法第五条第六条及第七条等,都是类似的规定,不过范围略有大小不同而已。

(四)世界主义 这是由于犯罪必罚和逮捕地有管辖权的主张而倡导的,因为犯罪是危害社会的行为,同时也就是人类的公敌,无论何国都有处罚的义务,才可以保护世界的法益,所以无论犯人逃到何处,逮捕地的法律都得适用,不过各国国情既不相同,法制又复各异,对于所谓犯罪的观念,自然也就难免有出入的地方,要想普遍的适用,实为势所不能,所以目前各国立法例,仅对于海盗及奴隶买卖等罪,适用世界主义。

此外,学者间尚有所谓折中主义,就是以领域主义为原则,而兼用属人、保护、及世界三主义,各国目前立法例大都是如是,已如前述,但是在兼用几个主义的制度之外,还常常会发生两个问题,一是犯罪行为和结果全部或一部跨于本国和外国领域时,应该怎样确定犯罪地而适用何地法律的问题,另一是外国法院对本行为已有判决于先,本国法院是否受其影响的问题。关于前者,在学说上原有行为地、结果地和行为地与结果地均为犯罪地三种主张,在立法例方面,有特设专条加以规定的,譬如波兰刑法第三条第二项规定:"若犯人在波兰领域内或在波兰船舰及飞机上为犯罪之行为或不行为,或其犯罪之结果在各该处发生,或依犯人之意思应在各该处发生者,以在波兰领域内或船舰及飞机上犯罪论。"是采行为地、结果地及想象结果地说。再譬如意大利刑法第六条第二项:"构成犯罪行为或不行为之全部或一部发生于国家领域内,或其行为不行为之结果发生于该领域内时,以领域内犯罪论。"这是采用第三说的例子。其他像德国刑法第八条、纽约刑法第十六条、挪威刑法第十二条、瑞士刑法第二条、墨西哥刑法第一百八十五条，以及我国刑法第四条，均有类似的规定。还有的国家，在法典里没有明文规定，而任法官解释的，譬如日本刑法就是这类的例子。至于后者，在各国立法例有的以为"一事不再理"是诉讼上不易的原则，不得不承认他国的判决，譬如法国刑事诉讼法第五条第四项规定："既经外国之确定判决，则无论重罪或轻罪，均不得再行起诉，"以及德国刑法第七条等；还有的国家以为外国的判决是一种事实，并没有法律上的效力，自然仍得依本国刑法裁判，波兰、芬兰等，就是这类的例子。

第四节 刑法关于人的效力

人类在法律之前，有平等之地位，这个制度是自法国《人权宣言》第一条"人民生而平等"和第四条"国家对于人民之保护及惩罚均应平等"之规定以后，各国法律都认为是不易的原则，所以刑法对于全国无论何人的犯罪行为，均发生同等的效力，而不应当有所歧视，不过也有因为国内法或者国际法的关系，而不能不作为例外的，兹就这两种例外，分别言之于下：

（一）属于国内法的例外。这大半是因为国家统治上的必要，不能不设个例外，而在宪法上规定国家的元首和国会议员，不受刑法的支配。这个例外，自从罗马法有"皇帝不受法律之羁绊"的格言以后，就产生了近代君主神圣不可侵犯的规定。前德意志帝国宪法规定，君主及摄政均不得科以刑罚。日本对于天皇也有同样的规定。英国宪法上有所谓"国王不能为非"（The King can not do wrong)的原则,这个原则依着英人的解释,即指国王对于彼之私人行为与公共行为俱不负责而言,盖国王的公共行为,率须预征国务员的同意,由国务员副署,始发生法律效力,未经副署者,法律上既无效力可言,亦遂无责任问题可言,既有副署;则负责之人,便为国务员,而非元首,若元首不征国务员同意,而有任何违法行为(譬如元首私杀人即是一种私人行为),对此种行为,国务员虽不负责,而在英国法律之下,却亦无任何法庭或其他机关,施元首以任何处分。① 比利时宪法第六十三条更明定君主不可侵犯,意大利宪法也有君主不可侵犯的明文。此外,像民主立宪国家的大总统,本不过是一执行政务的人,在原则上是应受刑法支配的,不过为着使其便于执行职务起见,各国宪法上有的限于负担某种犯罪行为的责任。譬如法国的大总统只负叛逆罪的责任(1848年宪法第六十八条),瑞士宪法规定元首仅负违宪的责任,美国、墨西哥、阿根廷宪法规定仅负违宪、叛逆、妨害选举和渎职等重罪的责任。有的国家,虽要负全责,但也要经过特殊的手续,才能够处罚。譬如哥伦比亚、波利菲亚等国的宪法规定大总统如有犯罪行为,得经议院之弹劾后,由最高法院判决之,就是个好例。至于国会议员,既是人民的代表,自然也不能没有相当的保障。各国自英国1688年的《权利宣言》(Bill of Rights)规定后,都纷纷仿照这个制度,例如比国宪法第四十四条,法国1881年的出版法,意大利、奥国以及日本宪法等,都有国会议员在院内所发表的言论,不负责任的规定,及其他犯罪行为在议会会期中也要预先得议员本院的许可,才能够逮捕,法国宪法并承认议会有停止对于议员拘留或诉讼的权利,因为这

---

① 见王世杰著《比较宪法》第496页。

样才可以维持议员的自由与安全,而从事于会议的职务。

(二)属于国际法的例外。通常刑法的效力,不能及于外国的元首、使节、军队和军舰等,这在国际法上叫做享有治外法权的人,所以示国际间之相互礼让,而为各国所公认的原则。苏俄1922年刑法第一条,并明白规定"刑法对外仅适用于无治外法权之人",其1926年刑法第五条规定"有治外法权之外国臣民,其刑事上责任量度,依外交手续解决之"等语。至于我国除承认上述的原则以外,还要受条约的拘束,如领事官及有领事裁判权之外国人民,均为刑法效力所不及的,实在是件痛心的事。

第五节 法人之刑事责任[①]

自然人做犯罪主体,是各国刑法所相同而无容比较研究的,至于法人的刑事责任如何,则各国学者间有拟制和实在二说的不同,兹大略地说明于下:

(一)拟制说。这派学者的意见,认为法人本不存在,不过是法律上的拟制人,所以没有法律所允许的目的以外的意思能力和行为能力,自然也就没有犯罪的能力,而负刑事上之责任。像巴西刑法第二十五条并以明文规定只有自然人始得为犯罪之主体,若法人之行为,触犯刑法之规定者,则罚其代表人。其他像德国、法国、

---

① 关于法人之刑事责任的问题,本书因篇幅关系仅略述梗概,详情可参看 L. Michoud, La théorie de personnalitamorale, Paris 1905;R. Saleilles, De la personnalité juridique, Paris 1910。中文方面可参看马存坤《法人犯罪论》,载《法律评论》第十卷第十二期至二十三期。

我国等多数国家的刑法,虽然没有明文规定,但解释上都认为法人不能做犯罪的主体。

（二）实在说。这是认法人之存在,与自然人没有不同的地方,并不是法律所拟制的,所以应负行为的刑事责任。在历史上有个很明显的例子,就是法国1670年的刑事法有省、市、乡镇及公司等均得为犯罪之主体的规定。此外瑞士1872年的铁路法规,也规定火车屡次迟误者,得处罚金。还有纽约州刑法第四百二十三条规定铁道公司应负侵害公共安全的罪责。这些都是明示法人须负刑事上之责任。再若英国在昔时关于法人罪责问题,因行为、不行为而有不同,以行为构成犯罪的,法人和自然人是一样的要负罪责,反之,则否。可是在1840年Birmingham and Gloucester. Ry. Co. 曾因失修大街,受控于刑庭,是此后无论行为或不行为都得负刑事上的责任。继后,1889年法令更规定"关于适用刑法,苟无特殊规定,法人一概科罚",尤其是明白承认法人与自然人有同等之刑事责任能力了。

这两种立法例,在目前社会经济状态日形发展,凡百事业莫不组织团体以期经营之宏大,法律对于这些集团的违法行为,若不加以刑事制裁,则难保此等集团不以一个人之牺牲,以博取大罪恶的代价,所以为维护治安起见,似以实在说的立法例比较完善些,可惜我国新刑法仍没有注意到这一点,株守旧制,不能不算是一件憾事。

第二章 刑事责任

个人对于行为负全部责任,是一种极古的社会观念,相传迄今,可以说是没有改变过。不过人有老幼智愚不同,行为又有出于故意或者过失的分别,所以刑法对于个人行为的处罚,不特对于犯罪责任能力要有特别的规定,而对于构成刑事责任的要素(如故意与过失),尤有严密区分的必要。因为不是这样,就不足以完成建筑于人类意志自由上"处罚恶意"的理论。无怪乎目前各国立法例几乎是一致以故意和过失为构成刑事责任的要素,他方面又规定行为人要有责任能力,才成立所谓犯罪行为。这里先述各国对于故意的解释和过失罪处罚的范围,然后再比较刑事上责任能力的规定。

第一节 故意

非故意之行为不罚,是各国刑法上共同的原则,但是学者间对于故意的解释,则不一致,大别之可以分做认识主义和意欲主义两种。前者以故意为认识犯罪构成事实之全部,譬如泉二新熊博士曰:"故意,为一般事实之认识预见,在刑法之故意即犯意,应为罪之事实认识也。"(《日本刑法论》第三十一版第四百一十四页)。

后者以故意为希望产生行为的结果的意思。目前各国均以为认识说漫无限制,不易确定,故大都采用意欲主义。不过有的国家用明文规定,譬如苏俄刑法第十条:"故意之行为,即自己行为时,明知有社会的危险性,且明知其结果,而有希望之意识,实现其所为时。"意大利刑法第四十三条:"故意罪谓有意的犯罪,于行为或不行为之结果,依法律确定犯罪之存在,而有害或危险之事实,依犯人行为或不行为之结果,成为预见,且属其意欲者。"我国刑法第十三条:"行为人对于构成犯罪之事实,明知并有意使其发生者,为故意。"以及德国、奥大利、挪威等刑法,都有类似的规定;还有的国家刑法里,虽没明文,而解释上仍是采用意欲主义的,譬如英、法、比、西班牙、葡萄牙、瑞士等。至于采用认识主义的国家,譬如波兰刑法第十四条规定:"称故意犯者,不特指有意犯罪者而言,即预见其行为有发生犯罪结果或有犯罪性质之可能,而为之者亦同,"就是个好例子。用意欲主义去解释故意的,还可以分做直接故意和间接故意两种。所谓直接故意,就是犯罪行为之结果,为犯人所知并有意使其发生的意思;至于间接故意,则谓犯罪行为的结果,是犯人所视为无可无不可,或本不愿意,但犯人为自己利益起见,也宁愿去行为不行为。各国间有间接故意的,如俄国、德国、奥国、荷兰、挪威、保加利亚、意大利旧刑法诸国;没有间接故意的,如瑞士、英国、法国、西班牙、葡萄牙和比利时等国。

第二节 过失

过失是无故意之行为的一种,其与偶然事故分别的地方,乃在于行为者是否已经注意防止犯罪结果的发生为标准；换句话说，行为者已经尽了注意的能事，而仍发生犯罪之结果的，叫做偶然事故，反之就是过失。刑法对于过失与故意之界说，因为影响于刑的裁定，所以大都设专条规定，以免混淆。譬如：

我国刑法第十四条　行为人虽非故意，但按其情节应注意并能注意，而不注意者，为过失，行为人对于构成犯罪之事实，虽预见其能发生，而确信其不发生者，以过失论。

意大利旧刑法第十二条　非故意之行为，在法律上所明定之场合，而生损害或危险，不从其人之特别义务规则命令之场合，鉴于其人之社会地位及普通之经验与动作，而基于不熟练、不注意，或茫然不知时，则处罚之[①]。

暹罗刑法第四十三条第三项　认为非出于故意之行为，而该当于下之一时，为出于过失：

（一）对于通常之人，不为得以期待之注意时。

（二）有特别之业务者，怠于业务上之必要之注意时。

（三）不遵法律规则或适法之命令时。

苏俄刑法第十条第三款不注意之行为，即自己行为时，其行为时得如何之结果，可能预想，而并不预想，或轻率疏忽妄期不致发生结果时。

墨西哥刑法第十一条过失罪存在之场合如下：

（一）犯所容许之作为或不作为，因而有引起不容许之结果之咎者，以疏虞或懈怠轻信或轻举之故，因为不讲求必要之见闻，或必要之预防策，不得避免结果之场合，或关于由行为不使发生有害之结果，以不具备必要之技艺上或科学上之辨识，不得避免之场合。（以下略）[②]

---

① 本条系录自郑宇中译《刑法过失论》第29页。
② 见注①。

波兰刑法第十四条第二项 称非故意犯者,系指犯人预见有发生犯罪结果之可能,但妄信其能避免之者,或犯人虽可预见或应预见其行为有犯罪之结果或有犯罪之性质,而未预见者,而言。

其他如葡萄牙刑法第二条、意大利刑法第四十三条第三项等,皆有详细的规定。至于注意到哪种程度,才是非过失,这在罗马时代,学者间就有两种标准:其一是以犯人平日处理事件谨慎之程度为断,若是忽略了平昔之谨慎的,才是过失;其二以普通人对于其事之谨慎程度为定,若是犯人忽略了这种注意的程度,就是过失。前者是近代所谓主观过失,后者就叫做客观过失,不过各国都以为客观过失的规定,未免违背意志自由的理论,所以大多数都采用主观主义。

在过失的规定里,各国立法例又多区分做不认识之过失和认识之过失二种:前者系指犯人对于结果本应注意且能注意,卒因疏忽不注意,以致缺乏认识而言,后者是犯人对于结果之发生,已有认识,不过自信决不发生,而竟发生了结果。譬如波兰刑法第十四条第二项、苏俄刑法第十条第二款,和我国刑法第十四条等,都是这类的规定。

此外,又有普通过失和业务过失的分别,因为业务过失是人民所易于注意而且是极应注意的,所以各国对于业务过失的解释,多比较宽大,而科刑也比较重些,使一般执行业务的人,有所警惕,而保卫社会的安宁。

至于过失罪的处罚问题,各国均以不罚为原则,处罚是例外,而且大都限于其行为能危险于生命、身体、财产等重罪。其中规定比较详细而范围又较宽广的,要算荷兰和德国的刑法:前者为(一)失火与决水罪(第一百五十八条),(二)毁弃公共交通之工作物罪(第一百六十三条),(三)使铁道交通发生危险罪(第一百六十五条),(四)毁损航海安全之标识罪(第一百六十七条),(五)使船舶沉没毁损罪(第一百六十九条),(六)毁损建筑物罪(第一百七十一条),(七)将足以发生为害吾人生命或健康之危险物投入于公用之泉井或水道内之罪(第一百七十三条),(八)贩卖或交易足以发生为害吾人生命健康之危险物之罪(第一百七十五条),(九)因自己之过失,使人受不法之自由剥夺罪以及其他之杀伤罪等(第二百八十三、第三百零七、第三百零八、第三百零九条),(十)过失脱逃罪(第一百九十八条第四项)。后者则规定为(一)使囚犯逃走罪(第一百二十一条),(二)伪证罪(第二百三十条),(三)杀人罪(第二百二十一条),(四)伤害罪(第二百三十二条),(五)失火罪(第三百九十条),(六)决水罪(第三百一十四条),(七)妨碍交通罪(第三百一十六条),(八)妨碍通信罪(第三百一十八条),(九)破坏水道、水门、堤防、桥梁、船场、潜水机、避电机、职工出入机、灯台、及其他之标识以及投毒物于泉井潜水机等之罪(第三百二十六条),(十)不履行战时事变之供给契约罪(第三百二十九条第二项),(十一)官吏因过失执行误刑罚罪(第三百四十五条第二项)。反之,规定最简略而范围又最狭小的立法例,就要算日本刑法,只有第一百一十六条的过失烧毁自己所有物罪、第一百一十七条的过失烧毁他人所有物罪、第一百二十二条决水罪、第一百二十九条妨害交通罪、第二百零九条伤害罪、第二百一十条过失杀人罪、和第二百一十一条过失死伤罪等七条,其他较轻微的罪,均以不罚为原则,而西班牙刑法规定凡过失犯罪皆罚之,这可以说是个极大的例外。此外,各国对于违警罪大都没有故意和过失的区别,盖违警罪的性质,是在于预防危险,故意和过失所给予社会的危险实属相等,况且违警罪的刑罚已经极轻,若是再要区别过失和故意,就几乎是减无可减了。

第三节　错误

所谓错误，就是事实和认识相矛盾的情形，刑法学上有事实错误和法律错误两种，前者是行为人误认事实存在或者不存在，后者就是行为者误认刑罚法令之存在或者不存在，以下就这两种情形分别述之：

第一目　事实错误

事实错误是行为者对于事实之存在或不存在之一种错误认识，各国刑法大都认为这种情形是非故意，不负刑法上的责任，不过有的国家以明文规定，而有的则否。前者譬如德国刑法第五十九条："犯人于犯罪遇有不知犯罪构成事实或不知犯罪加重特别要款之情形时，不得以故意论。"意大利新刑法第四十七条第一项："构成犯罪系事实错误者，排除行为人处罚性，但关于错误因过失而构成者，依法律规定，认为非故意时，不排除处罚性。"同条第二项："对于特定犯罪之事实错误，不排除其他犯罪处罚性，构成犯罪之事实错误在刑事法律以外者，排除处罚性。"波兰刑法第二十条："行为出于犯人对于构成行为之要素有错误者，不为罪，但非故意之轻罪及错误由轻率或疏忽所致者，不在此限。"其余像挪威、保加利亚、日本等国刑法，亦均设明文规定；后者譬如法国[①]、英国[②]等虽没明文规定，而学者间之论

[①] 请参看 Garraud, Traité théorique et pratique du droit pénal français, T. I. pp. 596—597。

[②] 请参看 Kenny, Esquisse du droit criminel anglais, pp. 83—88。

断,和判例的规定,都认为错误犯罪构成事实,是非故意的行为,所以两者的结果是相同的。

第二目 法律错误

所谓法律错误,是指行为人对于刑罚法令之存在或不存在发生错误的认识而言。已如前述,在刑事责任上,这种情形是没有影响的。因为法律一经颁布施行,就假定全国人民都已经知道,而发生拘束的效力,所以犯罪者不能以不知法律之存在做借口,而免除刑事责任,这就是罗马法"不知法律不赦"的原则。现今各国刑法仍然保持这个原则,不过在规定上,略有不同。譬如英国、法国、奥国、保加利亚、意大利等国,认法律错误为不可恕;俄国、荷兰及德国判例则认为"法律之不知不受保护",换句话说就是行为者仍须负刑事责任;还有挪威和日本刑法则规定得因法律的错误,免减其刑;我国刑法第十六条规定:"不得因不知法律而免除刑事责任,但按其情节得减轻其刑,如自信其行为为法律所许可,而有正当理由者,得免除其刑。"这些规定前两者(不恕及不受保护)似乎是失之过严,强人皆知法律,而后者则给裁判官以斟酌减免或减轻的权力,俾能合于当时犯人个别的情形,比较合理些。不过德国刑法草案第十三条规定:"因错误不知其为违法而为之者之行为,不以故意之行为论罪,其错误基于行为者过失时,准用关于过失之规定",认违法之认识为故意之要素,这与之前德大理院判例见解大不相同[①],这种新的规定,在目前法令繁杂的时代,似乎是必然的趋势吧!

---

① 见仲铭作《德国刑法草案之特点》,载《法律评论》第一〇五期。

第四节　责任年龄

责任年龄的认定，无论从经典派的是非辨别力说，或者从实证派的刑罚适应性来说，想能够得当，真不是件容易的事。因为人类各种机能的发达成熟未必一致，热带民族和寒带民族成熟的时期，往往相差很远，甲国实行已得良好效果的制度，施诸乙国就未必一样，这不用说是各种气候所产的体质的不同的原因。所以我们在这里除了比较各国的制度以外，还得注意该制度的外在条件。

这种责任年龄的制度，在罗马法就有详细的规定：七岁以前的行为法律假定那时的行为是无意识的活动，所以不为罪，七岁至十四岁就看辨别力如何而定其责任能力的有无，至十四岁以上则为刑事成年人。现代各国立法例也多依照这种精神规定少年刑事责任的有无，而制度则有四种：即绝对无责任、相对无责任、减轻责任、全负责任的四分制，绝对无责任、相对无责任和全负责任的三分制，绝对无责任和全负责任的二分制，以及相对无责任和全负责任的二分制，兹列表于下：①

（一）四分制的立法例

国名	绝对无责任	相对无责任	减轻责任	刑事成年
葡萄牙	七岁未满	七至十四	十四至二十	二十以上
西班牙	九岁未满	九至十五	十五至十八	十八以上
罗马尼亚	八岁未满	八至十五	十五至二十	二十以上
菲律宾	九岁未满	九至十五	十五至十八	十八以上
秘鲁	九岁未满	九至十五	十五至十八	十八以上

---

① 见 L. André, La lutte contre ia criminalité juvénill, p.30。

续表

奥大利	十岁未满	十至十四	十四至二十	二十以上
乌拉圭	十岁未满	十至十四	十四至十八	十八以上
巴拿马	十岁未满	十至十五	十五至二十一	二十一以上
厄哥多尔	十岁未满	十至十六	十六至十八	十八以上
阿根廷	十岁未满	十至十五	十五至十八	十八以上
智利	十岁未满	十至十六	十六至十八	十八以上
匈牙利	十二岁未满	十二至十八	十八至二十	二十以上

（二）三分制之立法例

国名	绝对无责任	相对无责任及减轻责任	全负责任
英国①	十四岁未满（特别处分）	十四至十六（相对无责任）	十六以上
意大利②	十四岁未满	十四至十八	十八以上

---

① 英国习惯法采用三分制，七岁以下是绝对无责任能力人，七岁以上十四岁以下是相对无责任能力人，以辨别之有无做责任能力有无的标准，十四岁以上就算是刑事成年，除不作为的违警罪外，均负罪责，因为这种违警罪大都是处罚金，而十四岁的少年还没有处置其财产的能力（见前页注①）。可是到了 1879 年颁布了《简易法庭法》(Summary jurisdition act)，就完全改变了。刑事责任年龄分为十二未满的儿童犯（children）和十二岁至十六岁的少年犯（young persons），儿童犯量刑不超过一月，罚金的最多额是四十先令，身体刑只能够适用于男性的儿童，至于幼年犯自由刑的最高额是三个月，罚金不能超过十镑。这种制度实施将近二十年，觉得有改变的必要，几经研究，到了 1908 年才颁布完全的《儿童法》(children act of 1908)。在这部特别法里，儿童年龄的区分，是十四岁未满和十四岁至十六岁两种，前者无论任何犯罪，都不得科以徒刑，后者在重罪可以宣告徒刑，但是也不适用死刑，法院对于他们只能够适用下列各种处分：(一)释放；(二)自认改过而释放；(三)释放后受相当之监督；(四)交亲属管理或委托他人管理；(五)送入工业学校；(六)送交感化院；(七)鞭打（限于男性）；(八)科罚金；(九)由儿童之尊亲属或其监护人，担保作善良之教导；(十)徒刑（十四岁以上者）。总之，英国对于儿童犯罪，一方面提高责任年龄，他方更设特别法，使他不在普通法范围之内。

② 意大利旧刑法系采四分制，即九岁未满，九至十四，十四至二十一，二十一以上四种，其实意大利位于地中海的南岸，气候较热，人民发育的时期，自然也较早些，在这种条件之下，以二十一岁为刑事成年，自然不见得适当，所以新刑法第九十七条及第九十八条特加以修改，而采用三分制。

续表

纽约州	七岁未满	七至十二（同上）	十二以上
印度	七岁未满	七至十二（同上）	十二以上
墨西哥	九岁未满	九至十四（同上）	十四以上
希腊	十岁未满	十至十四（同上）	十四以上
暹罗	七岁未满	七至十六（同上）	十六以上
瑞典	十四岁未满	十四至十八（减轻责任）	十八以上
挪威①	十四岁未满	十四至十八（同上）	十八以上
埃及	七岁未满	七至十五（同上）	十五以上
丹麦②	十四岁未满	十四至十八（同上）	十八以上
芬兰	十四岁未满	十四至十八（同上）	十八以上
保加利亚	九岁未满	七至十七（相对责任）	十七以上
德国	十二岁未满	十二至十八（同上）	十八以上
法国	十三岁未满	十三至十六至十八	十八以上
日本	十四岁未满	十四至十六至十八	十八以上
苏俄	十四岁未满	十四至十六	十六以上

（三）绝对之二分制

国名	绝对无责任	刑事成年
荷兰③	十八岁未满	十八以上
中国暂行新刑律	十二岁未满	十二以上

---

① 挪威刑法原规定采用四分制，即十岁未满、十岁至十五岁、十五至十八、十八以上，这种严格的制度之不能适应地近北极的挪威，实在是极明显之事，所以1905年1月1日修改刑法的规定，提高责任年龄为十四岁。

② 丹麦刑法的规定（第三十五条）也是采用四分制，年龄和挪威刑法相同，继后以1905年4月1日儿童法改正，采用三分制。

③ 荷兰刑法第三十八条及第三十九条规定采用十岁未满、十岁至十六岁、十六岁以上的三分制，继后在1905年12月1日施行的儿童法里，对于以前的制度，有下列重要修改的几点：（一）废除十岁未满与其他少年的区别；（二）提高责任年龄为十八岁；（三）废除辨别力的制度；（四）给予法官较大的权利，凡是未满十八岁的儿童，法官均得就谴责、罚金、交感化院或惩戒院等方法，自由处分。

（四）相对之二分制

国名	相对无责任	刑事成年
比利时	十六未满	十六以上
卢森堡	十六未满	十六以上
土耳其	十五未满	十五以上

综观上列各国的立法例，可以知道目前是以采三分制的为最多，这当然是为着便于实用起见，还有一层，就是刑法成年大都高到十八岁，使法官可以审酌年龄的需要而发挥刑法的功能，所以我国新刑法也采这种制度，在第十八条规定未满十四岁人之行为不罚，十四岁以上未满十八岁人之行为减轻其刑。

法国学者安德锐（André）说："儿童是灌溉民族的泉源，是社会将来组织的要素，这类犯罪的数目增多，就是将来社会道德落伍的预兆，而显示出极大不安宁的隐忧。"[①]这句话并没有丝毫的夸张，这是事实，儿童犯罪的严重性，是这样的，晚近各国对于犯罪儿童之给予特殊注意之原因，也就在此。真的，自工业革命以后，社会组织因为适应经济的需要，手工业的组织，完全毁灭了，多数妇女不能不脱离家庭，走入工厂去谋生，代替家庭的公机关又没有产生，于是亟待教养的儿童，就渐渐趋于犯罪的道路，这是个人主义的经济组织所不可避免的现象。所以各国现在虽一方面提高刑事责任年龄，以免塞其自新之路，他方又排除儿童于普通刑法之外，并增设儿童特别法庭[②]，藉以斟酌实施教训的方法，而符合儿童只

---

① 见 L. André 著前书的序文。
② 世界之有儿童法庭组织，最早的要算芝加哥（Chicago）在1899年就成立了第一法庭，目前各国都在仿效，很有风行世界的趋势，关于这方面的情形，可参看拙作《美国之儿童法庭》，登《法政半月刊》第一卷第二期。

可教不宜罚的本旨,可是收效仍是很小,因为这决不是只由刑法提高刑事责任年龄就可济事的。例如少年犯罪法律认为还没到责任年龄,便不干涉,那不特社会的安宁因之要发生危险,就是少年本身,更无法改善,所以必定有完备的组织、充分的专门人才,去斟酌教导,并且要从根本上去设法,使儿童不致因母亲的工作而失去教养,才可挽救少年犯罪的危险。目前,我国刑法虽然也仿照各国的例子,规定"……得令入感化教育处所施以感化教育……"(第八十六条),但是既没特殊法庭,去专门从事研究这种感化教育的需要,又没感化院或儿童救济所的设立,所谓实施感化教育的话,几乎是等于官样文章,社会前途,真是"不堪设想"!

此外在我国旧律还有"八十以上,死罪议奏,盗及伤人议收赎,余皆不论,年在九十以上者,虽犯死罪不加刑"的规定,似乎是恤老的意思,可是各国都没有这种例子,因为年幼人之所以不负责任,为的是智识不够,发育未全,年龄既已老了,经验阅历都比较丰富,自然没免责的理由,而我国新刑法第十八条第三项仍规定"满八十岁人之行为得减轻其刑",这只好说是历史原因了。

第五节　心神丧失及耗弱

法律假定一切年幼人,都没意志自决的能力,所以年幼人是一般的无刑事责任能力者,此外无论何人在原则上都有责任能力,但是也有个例外,就是所谓心神丧失人。因为心神丧失人对于其行为,不特没有是非善恶的辨别力,就是行为或不行为也都是疾病的推动,而没自主的能力,所以各国刑法都因袭罗马法而规定心神丧失人为无刑事责任能力人之一种。

至于各国刑法不同的地方,那是在"心神丧失"的范围,简略地说,约有下列三种不同的规定:

(甲)"心神丧失"指精神上一种状态而言,法律并不明定何种精神的范围,而仅概括规定行为者的智力,因为疾病的扰乱,而有不能自主的状态,就是无刑事责任能力人,譬如:

德国刑法第五十一条:"行为者之精神活动,系受疾病之扰乱,而呈不能自己决定意志之状态,其行为不在犯罪之例。"

荷兰刑法第三十七条:"无论任何人之行为,若基于其智力之无完备发展或疾病之扰乱,均不处罚。"

意大利旧刑法第四十六条:"行为者于行为时,其精神因羸弱或先天之原因,而陷于不能自由决定之状态,不罚。"新刑法第八十八条:"犯罪之际,因疾病关系,其精神上无企图,或意思能力时,不负刑事责任。"

波兰刑法第十七条:"犯人在犯罪时,因精神欠缺或精神病及其他精神错乱之情事,不能辨别其行为之重要或约束其行动者,不罚。"

(乙)在英美多数判例都确定心神丧失状态的名称,自然不能任法官自由解释,而限于白痴人(idiot)、呆愚人(imbecile)和精神病人三种,是无刑事责任能力人[①],后来在1913年的《智力缺陷法》(mental deficiency act)里又分为白痴人、呆愚人、心神衰弱人(feeble-mended persons)、道德性呆愚人(moral imbecile)和精神衰弱人五种,前两者是绝对无责任能力人,后三者则任法官酌量处断。

(丙)此外还有多数立法例不特不明定心神丧失的范围,就是这种行为者的状态也不加以概括的说明,而只用"心神丧失"这个名词去规定,至于内容如何,状态如何,则均任法官自行斟酌,譬如

---

① 可参看 Stephen, General View of Criminal Law, pp. 86—96。

法国刑法第六十四条、比利时刑法第七十一条，以及我国新刑法第十九条等，都是这样规定。

以上三种立法例，第二种未免失之过狭，第一种明定行为者的精神的状态，适用时难免陷于困难，独第三种仅规定名称，法官可以自由解释，容易切合事实，比较上要算是得宜的制度。不过日本学者冈田朝太郎氏更主张将"心神丧失"改为"精神病人"数字，较为妥洽①，因为心神丧失一语，仍不免有解释状态之嫌，适用时或因此陷于困难，这种意见似可注意。

关于心神丧失人还有个问题，要附带说明的，就是心神丧失人经法院认为是无刑事责任能力人，释放后，应该作何种处置？其处置权限又是属哪一种？在前面这个问题，目前各国已经是趋于一致执行监禁处分，以避免心神丧失人将来对于己身和社会的利益发生危险，至于后面这个问题，各国所采用的制度，约有三种：

（一）行政制。这种制度认为心神丧失人监禁处分的决定，和以后释放的权限，都该属于行政机关，因为这种人既无刑事责任能力，自然不受司法权的管辖，譬如德国、法国、奥大利、匈牙利、瑞士、日本等国，都是适用这种制度。

（二）司法制。本制以为心神丧失人虽没刑事责任的能力，但刑法既规定法官得施以监禁处分，则监禁处分和释放的权限之属于司法机关，可无疑义，目前采用这种制度的国家，有西班牙、爱斯郎德、英国、美国等。

（三）混合制。混合制以为这种权限，应该分属于行政和司法两机关，因为在法理上原是司法机关的权限，而为着合于实际之应

---

① 见冈田朝太郎前著第八章第四节。

用起见，又以属行政机关比较合理些，所以决定监禁之权，属于司法，而释放之权，属于行政机关，目前意大利、比利时、荷兰、丹麦都是采用这种制度的。

以上三制，各有得失，司法制虽较合于法理，而在应用方面又宜推行政制，至于能兼顾法理和实用的，自然要算混合制了。今我国精神病院尚没设立，大半是由监狱执行监禁处分，似乎是采用司法制。

心神丧失人的行为，既不负刑事责任，则精神耗弱人的行为，也不能和普通人一样全负责任，这是意志自由说理论必然的结果，所以心神丧失者是全无责任能力人，而精神耗弱人则视其耗弱的程度定其责任的轻重。1904年和1905年的世界刑法协会，更议决精神耗弱人是一种特殊人犯，不特可以适用减轻的制度，并且要施以特别处分，如监视之类。目前各国刑法有的用明文规定精神耗弱人的行为减轻本刑，如意大利刑法第八十九条、丹麦刑法第三十九条、挪威刑法第三十九条、瑞典刑法第六条、日本刑法第九十三条、暹罗刑法第四十七条，和我国新刑法第十九条第二项等；有的国家不明定精神耗弱人的行为，而归纳于心神丧失的规定中，任法官自由解释适用，譬如法国刑法第六十四条、比利时刑法第七十一条等；还有的国家依据实证派的理论，根本就不承认精神耗弱人的存在，譬如苏俄刑法就是个好例。

第六节　酗酒

酗酒，在刑法上是心神一时陷于不能自主，受酒力的驱使，而做出不法的行为。这种事件,在目前各国都极重视,因为酒毒的害处①不特对现时社会的安宁有莫大的影响,而且贻害于民族的将来。所以在立法上面的问题约有两方面:一方面是对于饮酒者镇压和预防的问题,他方面是酒醉后犯罪行为的责任问题,前者是社会政策上的治本方策,后者是治标的刑事责任的问题。

关于饮酒者的镇压和预防的问题,最彻底的方法,自然是普遍禁酒,不过这样各国财政上将有重大的恶影响,而为一般政治家所不敢贸然从事的。其次就是限制饮酒量的方策,譬如法国 1917 年 10 月 1 日施行的酒醉治罪法就是个例子,该法规定在酒馆或公共场所酒醉者,科一至五法郎的罚金(第一条第一项),再犯得科以一日至三日的拘役(第三项),十二月内三犯者,科以六日以上一月以下之拘役及十六至三百法郎之罚金(第二条第一项),受第二条第一项之刑罚,两次以上者,并得宣告褫夺公权(第三条),咖啡馆出售烈性酒于未满十八岁之人者,与在公共场所酒醉者同罚(第四条),这样规定,可以减少狂饮的弊害。此外,在比利时 1887 年也有酒醉治罪法的颁布,其内容和法国法大概相同,兹不赘述。

至于酒后犯罪的责任问题,各国多主从严处断,虽心神上有不能自主的状态,仍不免除刑事责任,譬如法国、比利时、英吉利、意大利、瑞典、苏俄等都有相同的规定。

还有的国家,认为酗酒可以分做不出于己意和故意两种,刑事责任之减轻与否,要以这种动机为转移。譬如德国刑草第六十四条、暹罗刑法第四十六条、卢森堡大理院 1898 年的判例,和我国旧刑法第三十二条等规定,都是这类的例子。其实酒后酩酊,心神有

---

① 关于酒的流毒情形,可参看拙作《犯罪学大纲》第 170—177 页。

完全不能自主的状态,自然可以适用心神丧失的规定,这里似没有规定的必要,我国新刑法废弃旧刑法的第三十二条的规定,实在可算是一种进步的地方。

第七节 喑哑

所谓喑哑,就是指听能和语能都有障碍而言。这种人因为官能的欠缺,其精神似乎也与常人不同,因此在刑事责任方面,也就发生了问题。目前各国立法例关于这个问题的规定,极不一致,有的国家根本就没明文规定,在原则上说自然要负刑事责任的,不过法官可以斟酌适用心神丧失的规定,譬如法国刑法就是这类的例子①。至于用明文规定的国家,彼此间又稍微有些不同,譬如比利时刑法第七十六条、瑞士佛利堡州(Canton du Fribourg)刑法第六十五条、瑞士柳常德州(Canton du Neuchatei)刑法第八十五条等,是完全以未成年人的待遇去规定喑哑人,凡是已满十四岁而没有辨别力的喑哑人都不负刑事责任,反之就和普通人一样。其次,像德国刑法第五十八条、匈牙利刑法第八十八条等,规定没有知悉其己身行为系犯罪行为的必要知识的喑哑人,在刑事上不负责任。再次,像意大利刑法第九十二条及第九十三条,和瑞士发雷州(Canton du Valais)刑法第九十三条,又规定限于不识字或不知书写的喑哑人,才能和未成年同视。此外,还有墨西哥刑法第三十四条、俄帝国旧刑法第九十八条等,规定限于生而喑哑或幼时喑哑者,才能免除刑

---

① 见 Garraud 著前书 T. Ⅰ. p. 641。

事责任。日本刑法和我国新刑法规定凡是喑哑人均得减轻其刑，我旧刑法第三十三条又规定为必减的原因。

此上几种制度，在原则上说，似乎要以法国制（不以明文规定）为最妥。因为喑哑人之所以要考虑其刑事责任的问题，是以为这种人生理上既有缺陷，其精神状态未必与常人相同，换句话说，喑哑人的精神上，有不能负责的状态，那么，根本上就可以适用精神状态的规定（心神丧失、精神耗弱）。若说喑哑是精神状态不能负责的特殊原因，所以要有明文规定，则精神状态之不能负责的原因尚多，何以又不一一列举规定呢？至于仅就有明文规定的立法例而论，那就要以德国的规定为较合理，原因很简单，辨别力还要发生标准问题，不识字和不知书写，也不足就作为对犯罪行为不了解的证明，而墨西哥刑法之限于生而喑哑或幼时喑哑，也非确切的标准，不加注释的喑哑人减轻责任的规定，就难免有不平的结果，所以结果要以德国的规定可以避免这许多弊端。

第八节　依法律之行为

刑事责任是以故意或过失做条件，无故意不罪刑，就因此成了刑法上一个大原则，同时也就是以上七节刑事责任的确认和减免分析的对象。此外，在主观方面虽说是已经具备了责任条件（故意），而这种条件的产生，是因为客观事实的束缚，其能影响于刑事责任，在刑法上是和缺乏主观的条件相等的，譬如依法律的行为、奉长官命令的行为、正当业务的行为、紧急避难的行为、正当防卫的行为等，都是这一类的。本节先就依法律的行为加以比较。

依法律的行为很多，譬如依法执行死刑、依法入屋搜索决不能构成杀人罪或侵入住宅罪，这是各国刑法都相同的，至于互异的地方，则有两端，一是规定之章次问题，有的国家规定在总则里，有的国家分别在分则里加以规定。

前者，如日本刑法改正案第十七条："依法令或正当业务之行为或不背于善良风俗、公共秩序之行为不为罪。"意大利刑法第五十一条："依法律之规定或长官之正当命令执行权力或履行义务者，排除处罚性。"荷兰刑法第四十二条："为执行法律之规定而行某行为者则不罚。"比利时刑法第七十条："依法律及长官命令之行为不为罪。"以及西班牙刑法第八条、葡萄牙刑法第四十四条、智利刑法第十条、墨西哥刑法第三十四条、暹罗刑法第五十二条、日本刑法第三十五条、我国新刑法第二十一条等是。

后者，则散见于分则中。譬如丹麦刑法第一百○五条、挪威刑法第一百四十七条、奥国刑草第一百三十九条等规定侵入住宅罪，以"违法"为犯罪构成之要件；德国刑法草案第一百○一条及第一百一十条规定泄漏或刺探秘密罪，也是以"违法"做该罪构成要素之一；反之，若是依法律侵入住宅或泄漏秘密，自然都不成立犯罪。还有法国第三百二十七条规定："依法律及长官命令而杀人、伤害或损害之行为不为罪。"①

以上两种编制，其结果虽都是不负刑事责任，但是从法典的条理方面说，还是以规定于总则比较适当些，免得在分则各条用多数重复的规定。

---

① 法国刑法第二百二十七条之规定，虽限于杀人、伤害或损害之行为，实则本条之效力，及于任何犯罪行为，因为这是袭用1791年刑法第三条所规定"合法杀人"（Homicide licite）的名称，而举例以概其余。（见 Garraud 著前书卷二第55页）。

另一种不同的地方,是有的国家规定只要是依法律的行为,就可免责,像上面引用的荷兰刑法第四十二条、意大利刑法第五十一条,和我国新刑法第二十一条,都是这类的例子。还有的国家,要兼有长官命令的条件,才能适用,这种条文最显著例子有比国(第七十条)、法国(第三百二十七条)等,这点在法国平政院(Conseil d'état)的意思,以为法律是盲目的,若是运用的人不能够积极的守法,则法律往往变成犯罪的工具,所以必须要长官的命令做条件①,这种意见,实在值得注意的。

第九节　奉长官命令之行为

奉长官命令也是故意束缚之一种,对于刑事责任,似乎也不能没有相当的影响,不过各国立法例倒有减免和全负责任二种制度,兹分别言之。

第一目　减免制

这种制度是根据公务人员有服从长官命令义务的理论,所以他的行为在性质上,虽然是犯罪,而自其故意出发点立论,则是受长官命令的束缚,不能与普通犯罪人同论,但是结果还可以分做免除责任、减轻责任两种的立法例,前者如:

荷兰刑法第四十三条第一项:"为执行'管辖官厅'所发之命令

---

① 见 Garraud 著前书卷二第 56 页。

之行为不罚。"

法国刑法第一百十四条第二项:"受直接上级长官之命令,而为犯罪之行为者,免除其刑,由发命令之长官负其责任。"

日本旧刑法第七十二条:"因'从属'长官之命令,以其职务而行者,不论其罪。"

意大利刑法第五十一条:"(二)长官之命令,构成犯罪行为,其行为以发命令之长官负责。"

我国旧刑法第三十五条:"依'所属上级'公务员命令之职务上行为,不罚。"

此外,在俄帝国时代的刑法,也有类似的规定。

后者如荷兰刑法第四十三条第二项规定:"无管辖权之官厅,所发之命令,其从属官吏误信为有管辖权之命令,而执行时,得减轻之。"再如暹罗刑法第五十二条及埃及刑法等均有相同之规定,而挪威刑法第四十一条更进一步规定凡是命令的行为,均减轻其刑。那就不特上级长官以及无管辖权之长官之命令,得为减轻的原因,就是私人(譬如亲长、师傅等)命令的行为,也可以减轻其刑,这可说各国刑制中范围最广的一种。

第二目　全负责任制

在英国的判决上,一向是采用全负责任制的,他们认为行为者对于上级长官的命令,应当审查是否违法,若是命令本身已经违法,自然没有服从的必要,反之行为者就不得以长官的命令做免罪的理由,换句话说,行为者就得负责。

还有一种因职务上有绝对服从的必要,而是各国所共同认为执行命令者,不负刑事责任的,就是军人,因为军人对于长官有绝对服从的义务,没有审查的自由,所以执行命令的行为由发命令的长官负责。

第十节　正当业务之行为

各国在刑法里规定正当业务的行为,不为罪,实在是件少见的事,像奥大利、意大利、挪威、捷克斯拉夫、波兰等国都没有这种规定,其用明文规定的,恐怕只有日本和我国吧!

我国新刑法于第二十二条规定"业务上之正当行为不罚",原来是袭用暂行刑律的规定,和日本刑法改正案之袭用其刑法而规定于第十七条,几乎是如出一辙。查我国暂行律原案的理由,仅举医生诊病一个例子,认为不能不加规定,其实医生诊病是当然的合法行为,而且大都得本人或其有权承诺人的同意,自然不能以犯罪行为论,至于有时未得同意而诊治,然也都是根据医术成规去执行义务,不会有刑事责任问题发生,所以在刑法里,实在没有另行明白规定的必要。

第十一节　紧急避难

紧急避难在欧美古代法中,似乎没有明文规定,如今可以作为历史上的根据的,恐怕要算日耳曼法对于因饥荒而抢粮食之罪,曾免除其刑的判例。继后加罗林(Caroline,德意志联邦之一)刑法第一百六十六条又以明文规定饥饿而抢粮食之行为,不为罪,各国才相率仿效，而成为一致免责的原因。

在学说方面为各国学者所注意的时候，那还在十七世纪以后，首先提倡这种理论的人要算自然法派的格洛梭斯（Grotius，1583—1645），他认为自利是人类的天性，个人保护自己，是自然法所给予的权利，非人为法所可剥夺，而形成所谓紧急避难的自利说。嗣后又有所谓主观说和客观说，主张主观说的人有康德（Kant）所领导的道德派和边沁（Bentham）所领导的不可抗力学派。主张前说的认为道德是刑事责任的基础，道德的要求又是"己所不欲勿施于人"，所以在原则上紧急避难的行为要负刑事责任的，不过法律不能强一般人都是道德高尚的人，所以对于紧急避难的行为，可以不加处罚。后者的主张，认为人类的意志处于紧急状态之下，其自由就受到不可抗力的限制，才至做出不法行为；其实这种解释只能作为紧急避难行为减轻责任的原因，盖意志既能决定为避难的行为，那当然还有少许的自由，以供其决定，而法官也就应当观察其自由程度的高低，而确定责任的轻重。至于主张客观说的黑格尔（Hegel），他以为紧急避难免责的原因，是在不同等或同等价值之冲突，在不同等价值的冲突，"两弊取其轻"，本来就是应当的，在同等价值的冲突，法律所保护的程度既是同等，自然也就没有处罚性了。

其实要解释紧急避难行为不负刑责的理由，很简单，在罗马法本来就有"必要则无法律"（Necessité ña pas de loi）的原则，人类在自己法益紧急的时候，既有作行为的必要，法律就无法可以干涉，为的是干涉，不特无效，而且没有干涉的必要。现在各国的规定，虽多少还有点限制，然而将来这个原则——必要则无法律——之会普遍适用，似乎成了必然的趋势。譬如法国1898年3月4日Chateau-Thierry法院判决一位抢面包的女子无罪的判决书里说："该女子受自然的压迫,已没有犯罪的意思,实在是社会对她未尽互助的责任,有以至之";以及1900年3月12日法国刑法修改委员会会长Millerand提议增加"行为者在极度贫困时,以不法手段获取其最必需之物件之行为不为罪"一条,就可以知道在资本主义经济制度中这种调和的规定,是其内在矛盾必然的结果。

至于各国刑法规定不同的地方,则有下列几点:

(一)不另立专条,而仅概括规定出于避不可抗拒强制的行为不罚。其所谓强制,系兼指精神上的、物质上的强制而言,所以心神丧失和紧急避难都在必然解释之列。譬如法国刑法第六十四条,比利时刑法第七十一条,荷兰刑法第四十条,日本旧刑法第七十五条,以及奥大利、瑞典等。

(二)规定紧急避难的侵权行为,而限于侵害他人之财产不能够及于身体才不负刑事责任。例如西班牙刑法第八条第七项,丹麦刑法第四十条等。

(三)规定紧急避难是生命及身体陷于危险的状态,而做的侵权行为始不为罪的国家,如德国刑法第五十二条及第五十四条,匈牙利刑法第七十七条及第八十条等。

(四)规定生命、身体及自由陷于危险时,都可以紧急状态的理由,免除刑事责任,像希腊刑法第九十六条及第一百〇六条,就是这样规定的。

(五)规定无论自己的或他人的生命、身体、自由、或财产陷于危险时,都构成紧急状态,其行为不为罪,这是芬兰刑法第三章第十条、挪威刑法第四十七条、帝俄刑法第四十六条等的规定。

(六)意大利旧刑法第四十九条第三项更详细规定:"为救护自己或他人之生命受急迫之威胁之行为不罚",则不特这种行为须限于救护自己或他人的生命,而且必须限于"急迫之威胁"才不负责,这似乎是各国制度中最严格的一种。其现刑法第五十四条,虽修改为"身体现在受重大之危害,为救自己或他人,出于无他途避免,且非自己发生原因之行为者,不罚,但其行为比例不得超过危险",然比较各国刑法的限制,还是要严些。

(七)此外限制最宽的,是我国新刑法第二十四条,和日本刑法改正案第十九条,前者限于"救护自己或他人生命、身体、自由、财产之紧急危难,而出于不得已之行为,不罚",后者则限于"出于自己或他人之生命、身体、自由、名誉、财产、或是其他权利之现在重大危险之目的所为之行为,不为罪"。

第十二节　正当防卫

正当防卫的观念,发达极早,其最古的渊源,可以说就是私人报复的合法概念。稍迟在印度、希腊、罗马等国古法,都有对于自己的生命、财产、名誉的不法攻击,得为正当防卫的明白规定。至于近代法的渊源,那就要算法国大革命时代的1791年10月6日刑法第六条,规定为"防卫他人对于自己或他人之生命而为杀人行为时不为罪",实在是各国刑典援用正当防卫无罪规定的蓝本。

在理论方面说,正当防卫之所以不负刑事责任,学者的解释,有放任行为说和权利行为说。在前者又有(一)道德压制说,(二)以恶易恶说,(三)权利义务说等不同的主张;而后者也有(一)不法之无效说,(二)社会契约说,(三)刑罚权消灭说,以及(四)法律与社会利益说等。各派主张似乎都能言之成理,不过除了法律与社会利益说以外,总难使人折服,所以这里只把法律与社会利益说大略说明一下,以节篇幅。①

法律与社会利益说,是实证学派的主张,其代表人要算意大利的费利(Ferri)氏,他在其名著《刑事社会学》上说②,"正当防卫是权利的执行,因为不正侵害者之受被害者的反响,是决之于法律的与社会的旨趣(Motife)的,攻击行为是表现行为者的冒昧性和反社会性,阻止这种力量扩大的人——正当防卫者——正是站在社会利益上和法律的利益上以完成他应执行的法律行为。在社会呢? 自然只有对这种消灭反社会性的人表示敬意,所以个人防卫合法化之基础,完全是存在于下列两种利益:(一)社会善良分子之整个保全,和(二)犯罪活动之淘汰。"我们若详细把这两种利益分析说来,那么第一种利益是防卫行为的消极作用,第二种是防卫行为的积极作用,对不正侵害之反击,自属保障己身的安全,而成为正当防卫合法化的基础,事理至为显明,是不待智者明矣。其实,不特此也,若每人均愿执行正当防卫,则犯罪者知行为不易,而有所警惧,因为刑法的制裁是将来的,是犯罪者所不及顾的,而且是得以幸免的,至如防卫的反击,是现实的,是攻击者所须顾及的,同时也正是减杀犯罪心理的一种妙剂,如此,不特正当防卫合法化的基础稳固得无话可说,并且是社会所应鼓励的行为!

现时各国除英美两国对于正当防卫尚无完备观念,只谓因防卫侵害而杀人则谓杀人为可恕以外,都有明白规定,不过其间也有严宽的不同,例如不在总则设专条,而仅规定于分则的,像法国刑法第三百二十八条及第三百二十九条、比利时刑法第四百十六条,

---

① 可参看拙作《正当防卫理论的分析》,载《法律评论》第585期。
② Ferri, Sociologie criminal, ch. Ⅲ.

埃及刑法第二百二十二条、暹罗刑法第五百〇一条,都是比较严格的规定,此外则均于总则内设专条,为概括的规定,其适用的范围,自然比较宽大。

就防卫权的范围方面说,各国也不一致,有的不限于自己被侵害,即第三者被侵害也可以代为执行防卫之权,如:埃及刑法第二百二十二条,德国刑法第五十三条,草案第二十四条,苏俄刑法第十九条,匈牙利刑法第七十九条,荷兰刑法第四十一条,意大利刑法第五十二条,挪威刑法第四十八条,暹罗刑法第五百〇一条,日本刑法第三十六条及改正案第二十条,我国新刑法第二十三条等是。

其他像西班牙、阿根廷、智利和纽约州等刑法则对于他人的解释,有条件的限制才有代行防卫权,譬如限于亲属或有救助义务的人。

其次关于防卫的目的物,各国规定,有的仅得于身体、自由、财产被侵害时,才能够执行防卫权,像法国、比利时、匈牙利、芬兰、纽约州等刑法就是这样规定的。有的规定身体、财产、名誉三种得为执行防卫权的目的物,如墨西哥刑法是。还有的在身体、财产、名誉之外,又指明生命、健康、幸福均得为执行防卫权之目的物,如丹麦刑法是。更有概括规定"权利"二字不加任何限制,例如意大利、日本和我国刑法,这可以算得各立法例中范围最宽的。此外,各国刑法对于正当防卫还有些共同的限制,就是侵害系违法的侵害,而且是"急迫"、"现在"的侵害[①],以及防卫不得超过需要的程度三点。

---

① 各国有单独使用"急迫"(imminent)字样的为荷兰刑法第四十一条,有单独使用"现在"(actuel)字样的为意大利刑法第五十二条,还有兼用"现在"及"急迫"字样的,为丹麦刑法第四十条,而解释上则均相同。

若是超越了必须防卫的程度,其行为各国刑法均予以酌减,法国刑法虽没明文规定,而解释上也认为应减轻其刑,荷兰刑法第四十一条第二项并进一步规定虽为超越必需防卫的行为,若是攻击行为所惹起的激烈行动,产生的直接结果,仍然没有刑事责任,尤其是一种细密的规定。

第三章 未遂罪

第一节 未遂之观念

所谓未遂,就是着手于犯罪之实行而未遂的意思。其与既遂不同的地方,是在犯罪之是否完成。这种区别,在古代法中,已不可考,似乎是中世纪意大利法学派才始创的。现时各国刑法,则都有未遂罪的规定,就是素以守旧著称的英国,也已采用未遂的制度了。

我们从未遂的观念方面看,各国刑法规定有相同的地方,也有不相同的地方。相同的地方,是行为者必须有故意存在,这点在英、美、法等国虽没明文规定,但是解释上则都认为过失罪,没有未遂状态,而以故意为限。至于不相同的地方,则有下列三项:

(一)间接故意之有无未遂罪的问题。譬如,在荷兰、挪威、德、奥等国法律的解释,都认为间接故意有未遂罪,而意大利刑法则以为没有,这是各国对于未遂观念上不同的第一点[①]。

[①] 这种不同,是由于解释故意之有主观说和客观说,从主观说方面看,间接故意是行为者可视为无可无不可的,结果本非其犯罪的希望,不过结果之自然发生,自然没有未遂的状态;但是从客观方面上说,有认识就有未遂,间接故意之有认识,是和直接故意相同的,所以也有未遂。

（二）着手实行解释的不同。所谓着手，各国刑法的解释，有从主观说的，就是以凡能从此认明其犯罪意思之行为，都叫做犯罪实行的着手，譬如德国、挪威等刑法，就是这样解释的。有从客观说的，即以着手实行于构成犯罪事实有密切关系的行为，像法国、比利时、意大利等刑法都是属于一类的。这两种解释，前者较宽，后者较严，前者似乎易于和预备的阶段相混淆，而后者则截然不同，这是各国对于未遂观念上不同的第二点。

（三）未遂罪之范围的分别。关于未遂罪的范围，各国立法例也有广狭的不同。有的限于因意外的障碍未达到既遂的程度，才叫做未遂罪，若是因为犯人自己意思而不终了其实行，或者自己阻止其结果的发生，那就是中止犯，不在未遂范围之内，法国、比利时、意大利、西班牙、葡萄牙、苏俄等国刑法都是这样的。有的不限于意外的障碍，就是因自己意思不终了犯罪的实行，或者防止其结果的发生，也都认为是未遂，这是德国、日本、挪威、保加利亚、智利和吾国等刑法的规定。其实未遂和中止的行为从犯意的过程方面说，固然是有区别，不过从结果方面说，究竟是一致的，似乎没有再行区别的必要，这是各国对于未遂观念上不同的第三点。

第二节　未遂之种类

在未遂的种类方面，各国刑法也不一致。原来未遂有未了未遂和既了未遂两种，前者是说行为者着手实行犯罪，还没有完成一切使犯罪成立的行为，而不遂的程度；后者是指行为者着手实行犯罪，并且已经完成一切使犯罪成立的行为，而不遂的程度而言。各国立法例有这种区分的是意大利、西班牙、葡萄牙、墨西哥和智利等;没有这种区分的,如德国、荷兰、挪威、保加利亚、日本和我国等。这种区分在行为的形态上,确是不同,不过,我们若从行为的恶意方面看,或者犯罪的结果方面看,都没丝毫的分别,而且没有区别的必要。

第三节　未遂罪之科刑

未遂处罚与否的问题,从道德观点言,既是有为恶的决意,自然就当和既遂相同,没有什么区别,不过从社会所受的影响言,既然没有重大的危险,也就应当除了必要的情形以外,不必加以处罚。至于现时各国立法例,对于这个问题,采用的制度约有下列三种:

(一)未遂、既遂两个处刑相同,不予减轻制。如:法国刑法第二条:"已着手于犯罪之实行,因犯人意外之障碍,而无结果之发生者,为未遂罪,与本罪同科。"苏俄刑法第十九条:"组织犯行之条件,准备犯行之武器手段,或研究犯行之实行方法等,已有企图犯行并且准备行为之显迹者,照已遂诉追。"

(二)以明文规定未遂必须减轻制。采用这种制度的,有下列几国:

比利时刑法第五十二条:未遂之处罚,应按既遂之刑减轻一等。

德国刑法第四十四条:重罪、轻罪之未遂,应较处罚本罪为轻:

本罪应处死刑或无期监禁者,未遂处以三年以上之监禁;

本罪应处无期要塞禁锢者,未遂处以三年以上之要塞禁锢,其他有期自由刑或罚金刑,未遂均应按既遂之刑,减轻四分之一。

荷兰刑法第四十五条:未遂罪之刑罚,就既遂刑之最高度减轻三分之一;

在无期禁锢之犯罪,未遂之刑不得超过十五年。

西班牙刑法第六十七条:未遂犯之刑,应较既遂减轻二等。

意大利刑法第五十六条:未遂罪犯处分如下,法律上规定死刑之犯罪,未遂罪处二十四年至三十年之惩役;规定徒刑之犯罪,未遂罪处十二年以上惩役;于其他犯罪,减本刑三分之一至三分之二。

以及瑞士日内瓦州刑法第五条、福德州(Vaud)刑法第三十六条、俾尔雷(Berne)州刑法第三十条、发雷(Valais)州刑法第五十五条、佛利堡(Fribourg)州刑法第三十七条,葡萄牙刑法第一百〇四条,挪威刑法第四十一条,丹麦刑法第五十六条,墨西哥刑法第二百〇二条,智利刑法第五十一条,暹罗刑法第六十条等,都是规定必减的。

(三)较既遂罪之刑得减轻制。如:日本刑法第四十三条:"着手犯罪之实行,而不遂者为未遂犯,得减轻其刑,"和改正案第二十二条(与现法同),以及我国刑法第二十六条前段"未遂犯之处罚得按既遂犯之刑减轻之"等规定。

以上三种制度,第一种适用上很难得当,多为学者所非难,第二种是着眼于犯罪的结果,既属未遂,所给予社会的实害不大,所以必须减轻其刑,第三种任法官自由斟酌,似乎是能着重于犯罪人的个别情形,免得陷刑法于机械化,无怪乎加洛法罗氏(Garofalo)要说,"若以为未遂罪必须减既遂之刑,则实属谬误。"①

---

① 见 Garofalo, La criminologie p. 323。

第四节 不能犯

所谓不能犯,就是犯罪已着手实行,而因为行为没有发生犯罪结果的能力,以致未生其想象的结果。在刑事学上,不能犯又分为行为者之手段不适合的不能犯,标的物之不存在或不适合的不能犯,以及相对的不能和绝对的不能数种。

现时各国刑法对于不能犯的处罚,有的国家不用明文规定,概任审判官自由裁量,像法①、德②、英③等国,都是这类的。不过征诸这些国家的判例,则都是采用主观说,着眼于犯意,以为犯罪意思既经表现于外部的动作,就无论其对于社会所产生的实害若何,仍然应依未遂犯处罚,至于以明文规定的国家,又可分为二类:其一是采用客观说,着眼于犯罪构成之事实所生的实害,谓不能犯在行为性质上就不能发生犯罪的结果,自然没有实害可言,而无处罚的必要,如西班牙、葡萄牙等国刑法,都是这样的规定;其二是折中以上两说,而明定不能犯处罚之限制,譬如我国旧刑法第四十条后半

---

① 法国刑法对不能犯,未加规定,学者的解释,虽一致采用客观说(如 Chanveau et Hélie, Théorie du code pénalt, I. No 251; Bertauld, Cours de droit pénal 10e lec, p.202 等),而判例则分为相对不能犯和绝对不能犯两种,关于相对不能犯,完全采用主观说,与未遂罪同样处罚(见法最高法院 1876 年 11 月 4 日判例 S.77,1,4S)。前者则属不为罪,例如无妊妇女之堕胎行为,在事实上为绝对之不能使犯罪之倾向不能存在,自不能适用第三百一十七条科以堕胎未遂之刑(见法最高法院 1850 年 1 月 6 日判例 S.59,1,362)。

② 德国判例认不能犯一律与未遂罪同罚,例如 1880 年 5 月 24 日及同年 6 月 10 日德最高法院判例对死产之杀害行为,仍以杀儿罪论,又 1883 年 3 月 30 日判例对无妊妇女堕胎行为,仍以堕胎罪论之,可以说是绝对主观说。

③ 关于英国判例可参看 Kenny, Esquisse de droit criminel angiais。

段规定:"但犯罪之方法,决不能发生犯罪之结果者,当减轻或免除本刑。"至于以明文规定采用主观说的国家,那还有意大利刑法第五十二条的规定。

以上三制(主观说、客观说、折中说),前两者一种是以刑法处罚恶意为出发点,一种是以刑法处罚犯罪结果为出发点,虽是各有得失,然究竟不失学理上之一贯的解释;至于第三种制度,无非是折中于二者之间,既无一贯之学理,在实用也未见得允当,似乎不是善制。

第五节　中止犯

中止犯的意义,在前面讲过,是已着手于犯罪之实行,由犯人自由意思中止其行为,以致没犯罪结果发生,和障碍未遂的区别就在于一者是被动的,一者是自动的,或者说一种是外在的,而另一种是内在的原因,以致未遂。所以既了未遂的中止,还要出于悔过,去做积极的行为,阻止犯罪结果发生,未了未遂只要出于不欲再进行犯罪的真意的消极行为,就能构成中止。至于与不能犯的区别,那就是一者是"非不能也,是不为也",而另者是"非不为也,是不能也"。

中止犯在各国立法例上有的国家以明文规定,有的国家不用明文,而任法官自由解释。前者例如德国刑法第四十六条及草案第二十七条,挪威刑法第五十条,苏俄刑法第十四条,日本刑法第四十三条及改正案第二十二条第二项,以及我国新刑法第四十七条等;后者如法国、英、美等国。

中止犯的处罚问题，各国立法例也多不同，简略地说，有仍依未遂罪处罚的，如英、德等国，有任法官自由裁量的，如苏俄是，有的只就其实际上成立犯罪的部分，加以处罚的，如意大利、暹罗等，有规定得减免其刑的，如日本刑法及我国暂行新刑律是，有规定必减或免除其刑的，如我国新刑法及日本的改正案等，种种不一。我们要想评其得失，真不是件容易的事。不过专就立法主旨加以考察，我们可以说刑法设立中止犯的意思，总不外是奖励犯行中止、减少犯罪的结果，那么减轻或免除其刑，总比较得体些。但中止犯情况是极其繁杂，有的是因悔悟而中止，有的是因畏惧而中止，也有是因时机未熟而暂时中止的，千差万别，似乎不能一概而论，法律既不能一一都加以规定，那就要以任法官自由裁定，像苏俄刑法所采用的制度，比较合理些。

第四章 共犯

第一节 共犯之史的说明及其学说

在罗马法似乎没有正犯和从犯定论的概念,不过征诸著作家的记载,可考的也有两项:①

(一)共犯虽没正从的分别,但还有下列各分类:

(1)命令共犯(complicité par jussu,其意义或系奉所属上级长官命令而明知为违法者之一种犯行)。

(2)代理共犯(complicité par mandato,似乎是近代法的所谓间接正犯)。

(3)意见共犯(complicité par suadendo,相近于教唆犯)。

(4)协行共犯(complicité par conscienta,这就是近代法的共同正犯)。

(5)帮助共犯(complicité par ope et consilio,即帮助在场及贡献计划之从犯)。

(6)核准共犯(complicité par ratihabitione)。

(7)隐匿共犯(complicité par receptatoribus)。

---

① 见 Mommsen, Römischie Strafrecht(Leipzig 1899), p.100。

（二）无论哪种共犯，其责任均属相等，所以上述的分类，实没法律上的价值，不过是古时的法学家为着讲述便利，才作这种区分罢了！

至于共犯同其责任的理论，据蒙孙（Mommsen）所著《罗马刑法》（Römisches Strafrecht）第100页所解释，罗马人认为共犯各人担负之行为，虽或不同，而其希望产生一特定的结果则一，故"基于各人有同一之故意"（se basant sur ce que l'intention des uns et des autres avait été la même），令其负同等之责任。

此种主观的责任平等主义，就是现法国刑法的直接渊源。

至于现行各国刑法之采用客观主义的，其直接渊源可要算日耳曼法系古代"加罗林"（Caroline）法典中之第一百七十七条的规定："明知系犯罪行为，而帮助犯罪行为者；则无论用何方式，均应受刑事处分，其处分按行为者之刑减轻之。"这条文揭示两个原则，即：（1）区分共犯为正犯和从犯，（2）从犯之刑较正犯为轻。从第一个原则说，不特是现时采用客观说之各国刑法的历史渊源，抑且给法国刑法以影响，这只要看法国现行刑法有正犯和从犯的分别规定，就可以知道的，所以我们可以说这原则是一切国家规定从犯的历史渊源；第二个原则是客观主义必然的结果，因为从犯的行为对于犯罪结果的效力不大，其责任自然也随之减轻。

因此，在现代刑法的共犯观念里，有所谓主观主义和客观主义两说，前者代表罗马法系的精神，认为正犯和从犯的犯罪故意，实属一致，刑事责任自应因之相等；所以结果主观说否定从属性的存在，因为无论为正犯、教唆犯或从犯，莫非犯人固有意思之表现，既是犯人固有的意思，其为独立犯罪，而非从属他人犯罪，极为明显。

至于区分正犯和从犯的标准，则亦以主观的犯意为依归，如行为者有实施犯罪行为之意思，则为正犯，若犯意仅为帮助他人者则为从犯,或者说以自己的利益为前提,而有犯罪的决意者为正犯,仅为他人的利益或从属的利益者,就是从犯。后者代表日耳曼法系的主张,以行为对犯罪结果的效力如何而定责任的轻重,所以要区分正犯和从犯的标准,也以行为为依归。不过,(一)有的国家是以犯罪行为之时间为区分的依据,像犯罪实行前和犯罪实行后的行为者是从犯,犯罪时之行为者是正犯;(二)有的国家是以行为的重要性做分别准绳,譬如该行为于犯罪有重要性者为正犯的行为,反之则是从犯的行为;(三)还有的国家就因果关系论中之条件说为区分之标准,行为为结果发生之原因者为正犯的行为,其仅与条件之效力者,则为从犯。总之,这都是着眼于行为,不问犯意的区分法。此外,客观说对从属性作肯定之解释,是为行为说必然的结果。

以上二说,从法理方面言,自然要以主观说为较妥,唯其区分正、从犯的标准,采用犯意的解释,实用上不无困难,故各国在区分上多采客观说。

第二节 各国共犯之制度

各国共犯之制度,极不一致,大概说来,约有二分制、三分制和独立制三种:

(甲)二分制

所谓二分制即分共犯为正犯和从犯两种,其区分的方法,有的依照行为之时间为标准,有的依行为的重要性为区分之标准:

1. 依行为之时间为区分之标准的,可以英美法做代表。英法区分正、从犯之标准,完全在于是否同时在场为犯罪之行为,同时在场为行为者,为正犯,反之就是从犯。在正犯复可分为一等正犯(the

principal of the first degree)和二等正犯(the principal of the second degree)两种,于犯罪之际,下手为犯罪之行为者(即实施犯罪之行为),叫做一等正犯;以行为或计策帮助或鼓励(在犯罪之际)者,叫做二等正犯。譬如窃盗罪,实施窃盗行为者,是一等正犯,在外把风的人,是二等正犯。不过也有例外,即实施犯罪行为者不是一等正犯,而行为之指挥者反是一等正犯,譬如医生用毒药杀人,令看护以毒药饮病人,而诿之曰其他药品,该看护既不知情,是为无故意,自然不负刑事责任,故虽有犯罪之行为,仍由在后指挥的医生,负一等正犯之责任。① 其实英国古代的判例,并没有二等正犯的名称,而叫做事中从犯,现行判例既用犯罪之时间和场所为区分之标准,所以有二等正犯的规定。所谓犯罪场所,完全采用广义的解释,只要在犯罪之时间,则凡时间上接近犯罪场所之帮助或鼓励之行为,均以在场论。这点在俄亥俄(Ohio)法院有个著名的判例,说明甲为便利乙实行窃盗内之财物起见,特假名请宴,邀丙出外,是为二等正犯,就是个好例。② 此外我们还当注意的是一等正犯和二等正犯之间必有意思联络,始得构成,否则各负各人的罪责,没有用共犯的规定的必要,例如甲往杀乙,同时丙往窃盗乙之财物,甲丙二人事前并无联络,则乙被甲杀,虽能便利于丙之窃盗行为,然并不能认为共犯。

至于从犯在英国尚可分为事前从犯(accessory before the fact)和事后从犯(accessory after the fact)两种。所谓事前从犯,据克利(Kenny)氏所下的定义是"个人'请托或推使'(invite ou pousse)一人或多数人为正犯去为犯罪的行为"。③ 这里所用请托或推使字样,仅贡献

---

① 见 Kenny,Esquisse du droit criminel anglais,p. 107—108。
② 见 Bresse v. state 12 ohio 146。
③ 见 Kenny 著前书第 110 页。

犯罪的意见,实不是构成,而必须达到教唆的程度,故英国所谓事前从犯实与我国之教唆犯相等,不过有一点要注意的是被教唆人之行为,其目的物有错误时(为杀人罪),在我国学者解释谓不负教唆的责任①,在英国则不然。卜罗登(Plowden)法院曾有这样的判例;甲教唆乙以毒物杀一女子,乙以毒药苹果给该女子,而该女子竟给其子食之,甲当时辩护谓此种不可预见之事实,不能负责,但是法官以为"可能性"(probabilité)极大,令负事前从犯之责。至事后从犯,乃指"明知其已犯罪,而隐匿或帮助其逃免刑事之处罚",譬如隐匿杀人犯于家中,或供给逃走的计划甚至帮助他越狱逃走等是。这种从犯必须积极行为始能完成,若仅消极行为(如知犯人之所在而不报告),则除构成独立罪外(如隐匿叛罪,misprision of treason;隐匿重罪,misprision of felony)不能认为事后从犯。此外,尚有应当注意的是妻为夫隐,不构成事后从犯,而夫不得助妻隐匿,否则,即为事后从犯,这是和我国亲属免除其刑(第一百七十七条)的概括规定不同的地方。

2. 依行为之重要性为区分标准的国家:

(1)第一要算法国,在法国正犯和从犯的区分标准,是以该行为是否为犯罪之构成所必要者以为断,若属必要则为共同正犯(co-auteurs),反之就是从犯(complicités)。例如窃盗罪,凡是取梯逾墙,开门入室,以及取物等都是必要行为,至于观风或用音乐之声音以避免他人之耳目等行为,均非窃盗罪构成上所必需者,所以属于从犯。② 这种"必要行为"的解释较之我国"二人共同实施'犯罪之行为'皆为正犯"尤为严格,此外与我国共犯制度不同者,尚有两

---

① 如郗朝俊著《刑法原理》第278页。
② 见 Garraud, Traité théorique et pratique du droit pénal français, T. 3 p. 126。

端:(一)教唆犯归纳于从犯之内,(二)从犯采列举制。兹将其规定从犯行为之第六十及第六十一两条直译如下:

法国刑法第六十条　以赠与、承诺、威胁、越权、阴谋或犯罪之方法,助成犯罪,或供给犯罪之指示者,按从犯科刑。

明知其将犯罪,而以武器、器具或其他行为之方法以供给之者。

故意帮助行为者,促使其预备,便利其进行,或在行为将完毕前帮助之者。

第六十一条　明知其为以强暴之方法危害国家之安全、社会之安宁、个人或财产之人,而供给居所、隐避地或集合地者,以从犯论。

据加罗(Garraud)氏根据这两条解释,谓法国从犯有下列五种:

(一)教唆从犯(La complicité par provocation)。(1)教唆从犯之构成,必以赠与、承诺、威吓、越权、阴谋或犯罪之方法为手段,仅言语或文字之刺激,不足成立,但是堕胎罪不在此限。① (2)被教唆者系特定的人,否则也不成立(堕胎罪是例外)。(3)教唆从犯之成立以本罪构成为前提要件,这就是从属性的表现,唯堕胎及无政府主义者之威胁行为不在此限。

(二)指示从犯(La complicité par instruction)。即指示犯罪之目的物而构成者,如仆人之指示窃盗以主人金钱藏蓄地是。

(三)供给方法之从犯(La complicité par fournitiures de moyeus)。这里所谓方法乃指物质方法而言,例如供给手枪以为杀人之行为是。

(四)帮助从犯(La complicité par aide ou assistance)。前三种从犯之行为,均在犯罪行为执行以前,这种帮助从犯之行为是与犯罪行为同时执行的,最少也当在开始预备之时期,法文既概称帮助,则除

---

① 见法国 1930 年 7 月 31 日法第一条。

正犯之犯罪行为外,其他有利于犯罪之一切行为,均包括在内。

(五)隐匿犯人之从犯(La complicité par recel de personnes)。这是第六十一条所规定的,以前学者均称为隐匿从犯,故无论隐匿犯人或赃物均属之,但是自1915年5月22日《赃物法》颁行后,收受赃物已构成独立罪,而本条之解释,亦仅限于隐匿犯人之行为了。这点在我国刑法无论隐匿犯人或赃物均构成独立罪,不能认为从犯,这又是法国刑法和我国不同的一点。

(2)第二是比利时共犯的制度,也和法国相同,不过科刑方面略有不同,俟后面讲共犯之科刑时再说。

(3)意大利旧刑法规定于共同实施或为直接之帮助行为为重要共犯,或共同正犯,仅予犯人以精神上或物质上之帮助行为,为次要共犯,或称从犯(见该法第六十三条),其与法国刑法不同的地方,是总则没有教唆犯的规定,而仅在分则各章中分别规定。

(4)暹罗刑法规定凡实行构成犯罪之直接行为或胁迫他人决定犯罪之意思者,叫做正犯,若在事前或事中帮助犯罪容易发生者,就是从犯。这种制度从"实行构成犯罪之直接行为及胁迫他人决定犯罪之意思"看,无疑是采用重要性做区分的标准,不过较之法国制度也有不同的地方,就是胁迫他人决定犯罪之意思的教唆犯,在法国认为是从犯,而暹罗刑法规定为正犯。从"事前"和"事中"的解释说,好像类似英国的时间制,其实暹罗刑法对从犯的解释是着重于"帮助犯罪容易发生",较之英国之纯粹时间制,究竟有异,而事前的解释教唆行为不在其内,事中的行为又以该行为之重要与否而区分,以及没有事后的规定(另成立独立罪)等,都是和英国制度显然不同的地方。

(5)荷兰刑法也是采用行为之重要性做区分之标准的二分制的,其第四十七条规定:"凡下所记者得视为正犯而罚之":

第一　犯罪,使之犯,或共犯之者。

第二　依赠与、承诺、威权之滥用暴行胁迫诈言而以故意教唆犯罪者。

第四十八条　凡下所记者,得使为从犯而罚之:

第一　以故意犯罪故而助力者。

第二　以故意犯罪故而给与机会方法或指示其手段者。

看以上所录条文,可知荷兰刑法认教唆犯为正犯一点,与暹罗刑法完全相同,唯从犯不以事前、事中为区分,而就物质的助力(第一项)和精神的助力(第二项)为区分的标准。此外,还有第四十七条第一项所谓"使之犯",实与我国学者间所谓间接正犯相当。

(乙)三分制

这种制度在原则上是把共犯分做共同正犯、教唆犯和从犯三种,但是近来新兴国家的刑法因人格主义的影响,多半对正犯不加规定,在条文上仅有教唆犯和从犯的规定,所以目前三分制有明定于条文者及不明定于条文者两种。

(1)明定于条文者

(一)譬如德国刑法规定数人共同执行犯罪行为者,为共同正犯;以赠与、结约、胁迫或其他方法使人为犯罪之行为者,为教唆犯;知犯罪之行为,而以言语行为帮助者,为从犯,这和我国的制度似乎完全相同。

(二)葡萄牙也是采用三分制的国家,不过教唆犯包括于正犯之内,而另有隐匿犯之规定,换句话说,葡萄牙刑法共犯章中规定的是共同正犯、从犯和隐匿犯(encobrideres)三种。[①] 所谓共同正

---

① 见 La législation pénale comparie, publiée par l'Union internationale de droit pénal p. 193。

犯,据该刑法第十九及二十条之规定,是(1)直接实施犯罪行为者,(2)以暴力恐吓越权强制他人为犯罪行为者,(3)以契约赠与、承诺、命令、请求或其他欺骗之方法使他人为犯罪之行为者,(4)直接帮助犯罪之预备行为或便利其进行反之则犯罪不致进行者。其第二十二条规定从犯,认为(1)以意见或刺激使从他人犯罪者,(2)帮助犯罪之行为者。至于隐匿犯则规定于该法第二十三条,即(1)凡以阻止犯罪发现之故意,变造或消灭犯罪之痕迹者,(2)以避免刑罚之故意,隐匿犯罪之证据或破坏其效用者,(3)以自己职务上之便利伪造或变造其所鉴断之犯罪证据,以图有利于犯罪人者,(4)其他一切帮助犯人免除刑事裁判之行为者。这种隐匿犯似与英国之事后从犯相同,而我国则由分则加以规定。

(三)西班牙刑法和葡萄牙的制度几乎完全相同,教唆犯归并于正犯之内,而区分为正犯(Autores)、从犯(Complices)和庇护犯(encubridores)三种。① 这种刑法均以教唆犯乃使他人决意犯罪者,其重要的程度实与实施行为人相等,故均称之为正犯。

(四)此外,像日本及我国刑法均与德国刑法相同,分共犯为正犯、教唆犯及从犯三种。

(2)条文不明规定正犯者

(一)波兰新刑法第二十六条规定教唆他人使之实施犯罪之行为者,为教唆犯;第二十七条规定"以行为或言语帮助他人犯罪者,为从犯",而无共同正犯的规定,然解释上正犯之存在无疑,不过此等国家刑法完全采用主观主义,正犯实无规定之必要。

(二)苏俄刑法在颁布时(见1926年顾树森译本),其第十六条

---

① 可参见前书137页及以后。

规定,"凡直接参与实行任何犯罪行为者,为实行犯;挑拨他人使他人实行犯罪者,为教唆犯;用各种方法,或劝导、或指示、或消灭障碍、或隐匿犯人、或湮没犯人证据助执行犯罪的行为者,为帮助犯"。这种制度本类似于德国,唯该刑法自 1928 年修改后(中德禅译),第十七条则规定惩治矫正的性质之社会防卫处分,不分主犯(即直接犯行者)、共犯(即教唆者)或帮助犯,一律适用"劝诱指导犯罪者为教唆犯","用加功或供给手段,或为其排除障碍等方法,援助犯行为者,或藏匿犯人、湮灭犯迹者,为帮助犯"。这也像波兰刑法一样,不为共同正犯的规定。

(丙)独立制

这种制度是由加拉拉(Carrara)所提倡,认为人各有其意志,故各有其责任能力,虽然多数人共同执行一犯罪行为,也不能就因此使彼等发生连带的关系,而且刑罚的轻重是以各人的人格为根据,犯罪行为无非是给执法的人以处理这些人的机会,所以共同执行一犯罪行为之各行为者,每人都是一个独立的罪犯,各负其行为之责任,没有区分正犯和从犯之必要,加氏本着这种主张,曾提出于 1895 年在 Linz 举行之世界刑法学会议说:"依我个人意见,共犯的学理应根本取消,否则法院将感极大的困难,而且各人负自己行为之责,为刑法上至理,何必硬要假定其彼此间有联系的关系呢?"当时遭众否决;现时仅挪威刑法采用这种主张,其总则并没有共犯的专章,仅在第五十八条规定曰:"多数人共同犯罪,若其共同之行为,确系情节轻微,得处以最低度或较轻之刑。"其分则中规定罚共犯者,则曰,"凡犯某行为或共同犯之者",若仅罚正犯者,则无"或共同犯之者"的字样,这样自然较合于实证派刑之人格化之理论,并且可以免去身份和未遂等问题的困难。

第四章 共犯

总结上述各种制度,我们似可得着下列几点概念:

(一)正犯和从犯区分的标准,多用客观说中之重要性说,不特主观说不多见,就是客观说中之时间说,也只有英美法是如此。

(二)教唆犯多半规定为正犯,这是犯意说的表现。

(三)隐匿犯很少像我国刑法之认为独立犯,而多归并于从犯范围之内。

(四)此外,我以为除挪威之独立制外,英国之一等正犯和二等正犯的制度似可注意,因为事中之行为怎样叫做犯罪构成的行为,怎样叫做帮助的行为,实在不容易分别,只有任法官随事实去认定,较重的科以一等正犯之责,次之就是二等正犯,比较合理些。至于法国之以教唆犯为从犯,似乎太客观了点,好在法国刑法规定从犯处以正犯之刑,否则造意犯反而获轻刑的便利,自然是与主观说相去太远了!

第三节 共犯之处罚

共犯之处罚问题,依上述共犯之制度,似可分为正犯、教唆犯及从犯之处罚三种,唯共同正犯,既有共同犯意,复有共同实施之犯罪行为,则在此犯意的范围内,各自独立负责,自然没有问题。再说教唆犯,有的国家认系正犯,科刑自然和正犯相等,像荷兰、葡萄牙、西班牙、遥罗等是;有的国家认为是从犯,像法国就是个好例,但是法国从犯本科正犯之刑,至于三分制另有教唆犯规定的国家,普通都是与正犯同视,我国刑法就是这样规定的,所以共犯之处罚问题,就是讨论从犯之处罚的问题。

各国立法例因采用之学说不同,所以从犯的科刑的制度,也随着有些分别,大概说来有必减主义、得减主义及平等主义三种,前二种是由白克加利亚(Becearia)的"各依行为之轻重负其罪责"之客观理论演绎而来的,后者本是罗马法及寺院法的遗制,也可以说是主观主义的规定。

刑罚是以行为为对象,行为之轻重,就是刑罚轻重的准绳,这是刑法继擅断主义而后,白克加利亚所倡罪刑法定说自然之结果。从犯既未参与实施犯罪之行为,对于结果之产生,仅与以助力,自然不能与实施犯罪行为的正犯同视,换句话说,从犯的刑事责任自然较轻于正犯,所以有必减主义产生。但是从犯之状态不一,若一律减轻其责任,未免有失公平之旨,所以又有得减主义的倡行。至于平等主义原为罗马法的制度,后经法国学者的演绎,认为无论正犯或从犯都无非要实现犯罪之结果,其犯意完全一致,自然应负同等的罪责,这还是仅就主观方面解释,再就客观观察,无论从犯行为之若何轻微,然其有利于整个犯罪行为之进行,则属无疑;有犯意,有行为,故必须负同等之责任,而不应有所轻重。

(1)必减主义 如德国刑法第四十八条及第四十九条规定除教唆犯应与正犯同罚外,从犯依未遂罪减轻其刑。比利时刑法第六十九条亦有类似于德国的规定。西班牙刑法对于从犯之处刑,除重罪隐匿行为另规定于该法第七十四条第三项科以独立刑(无期监禁)外,从犯减正犯之刑一等,庇护犯减正犯之刑二等(见该法第六十八至七十三条),违警罪之从犯,亦在科罚之列,科以正犯最低之刑。英国自1861年法律施行后,关于重罪之事前从犯,得与正犯同罚,轻罪之事前从犯及轻、重罪之事后从犯则均采必减主义;美国纽约州刑法规定事前从犯与正犯同科,事后从犯则减轻其刑;英美此制乃刑事上之预防政策,冀图减少犯罪之进行。至若日本现刑法第六十三条规定"从犯之刑,照正犯之刑减轻",也是必减主义,不过这次的改正案已改为得减主义。我国刑法对教唆犯依其所教唆之罪处罚之(第二十九条第二项),是与大多数立法例相同,而新刑法对于从犯规定为得减,就是与本制不同的地方。此外像葡萄牙刑法第一百〇三条及第一百〇四条,匈牙利刑法第七十二条,保加利亚刑法第五十二条,墨西哥刑法第二百十九条,智利刑法第五十一条至五十三条均有类似之规定。

（2）得减主义　现时各国之采用得减主义的,实在不多,盖防法官滥用裁量权之弊,此种"病人而病制"的态度,自然非法理所应尔,而且事实上从犯的情形极其复杂,人类个性又极不同,有的可以减轻,有的反不应该减刑,若规定必减,往往使裁判不合乎事实的要求,所以近来新兴的草案多规定为得减。譬如说日本改正案第二十八条第二项规定"从犯以正犯之刑处断,但依其情节,得减轻之",吾国新刑法亦规定"从犯之处罚,得按正犯之刑减轻之"(第三十条第二项),这都是得减主义的表现,此外若塞尔维亚刑法也是采得减主义的。

（3）平等主义　此制自罗马法、寺院法、法国古代法,以至于法国现行刑法都是采用的,学者所谓"责任上与刑罚上之平等制"(Systéme de l'égalité de responsabilité et de pénalité)就是指此而言。如法国现刑法第五十九条规定"除法律另有规定外,重罪及轻罪之从犯科以与同罪之正犯同样之刑",所谓"同样之刑"(la même peine)依"文理解释"(la signification du seus litteral)自然应当完全相同,或者说正犯科死刑,从犯也必要科死刑。但是学者们(譬如Garraud)的意思,以为这是与立法理由相左的,因为就立法理由观察,法官是有宣告从犯和正犯不同等刑之权能的。所以法国刑法第五十九条在事实上的解释是:(一)在法律上正犯之行为和从犯之行为是受同样处罚的,(二)在事实上从犯所受之刑,未必与正犯同,因为法官有酌量刑之轻重之权。此外,该法第五十九条所谓"除法律另有规定外",乃是从犯科刑之一种例外,譬如同法第三百三十八条规定有夫奸之从犯处一百法郎以上二千法郎以下之罚金,而正犯则为二年以下三月以上之有期徒刑,就是个好例。

(4)此外还有独立科刑制,这是上述共犯独立制必然的结果,不用说挪威的刑法是这样制度的代表,即新兴刑法如苏俄和波兰等也是这样规定的。虽然它们是不以明文规定正犯的三分制,而对于从犯的科刑都完全和独立制相同,这点在形式上说似乎矛盾,其实从犯既和正犯没有从属的关系,自然可以采用独立科刑制,法理上实毫无不通的地方。不过苏俄和波兰两国刑法的规定,也稍有点出入,因为苏俄刑法第十八条是规定:"惩治矫正的社会防卫处分,应依参加该犯行之大小,加害程度,并其犯人人物之如何定之",所以在苏俄从犯所负的刑事责任,在客观方面要根据他犯行之大小,加害之程度,在主观方面要根据犯人之人物之如何定之;而波兰刑法则仅依据主观方面之犯意,作为唯一科刑之标准,如该法第二十八条所规定:"教唆犯与从犯所负之刑事责任,以其本人之意思为准;与正犯所实行或将实行之犯罪行为所构成之责任,概无关系。"

第五章 刑及保安处分

第一节 概说

从立法史考察,刑的规定约有三种明显不同的阶段;最初无论哪国刑法都以为刑罚是对罪恶的偿报,或者说是赎罪的时代;所以凡是因犯罪行为所施的处分,都叫做刑罚,反之,就不是刑罚性质的处分,自然不在刑法范围之内,这是刑罚的一元主义;法国刑法以前的各国刑法,几乎没有不是这样的。嗣后,刑事思想发生变迁,以为刑法的任务除为维护正义,以刑事责任为基础制定刑罚外,对于无刑事责任的行为,不能不采用一种保护社会安宁的处分,以免社会因此受到将来的损害;这在十九世纪中期各国对于刑事未成年人、精神病人以及酗酒人均以特别法令规定一种特别的保安处分,就是这种思想的开端,而确定这种原则以规定于刑法中,则要以斯托司教授(Stooss)创意之1893年瑞士刑法草案为嚆矢,他于同一法典之中,刑罚之外,更规定保安处分,是为刑罚与保安处分之二元主义。不过保安处分究竟还是立于从属的地位,所以对于犯罪依照以刑事责任为基础,科以刑罚,至责任无能力人,有特殊癖性之犯罪人,或刑罚尚不足以改善的人,则以保安处分以预防社会之危险。其他若1918年之瑞士草案,1920年之捷克草案,1927年之德草案,同年之奥草案,同年之意大利洛柯草案(Progetto Rocco),1931年之日本草案,1932年之波兰刑法,以及我国今年(民国二十四年)之新刑法等,都不外是这种二元论的表现。最后自实证派兴起,认为二元论之刑罚不合事实的需要,而创保安处分之一元主义;这种主义的立法,自然要以费利教授(Ferri)之1921年意大利刑法预备草案为其最初的尝试;以社会责任为刑事责任的基础,故不问行为人之精神状态,其必须负刑事责任则属一致,换句话说,只要有犯罪行为,社会则必须给予行为者以"制裁"(Sanzioni),这样自然没有刑罚和非刑罚的处分的分别,不过为着这种制裁有效起见,又有依据行为者之精神状态,而定制裁种类之必要;目前采用这种制度的,除苏俄外,是不多见。①

上面三种阶段——刑罚之一元主义,刑罚与保安处分之二元主义,及保安处分或称社会防卫处分之一元主义——从各国现刑法说,滞在第一种阶段的,实在不多,就是在十九世纪初编纂的刑法典,也都以特别法补充之,譬如法国之1912年《未成年人法》,英国之1817年《犯罪预防法》,比利时之1930年《社会防卫法》等,真不

---

① 费利草案关于制裁的内容,大略有下列几种:(一)对于十八岁以上人犯普通罪之制裁是(1)罚金;(2)地方追放;(3)定居;(4)强制日中劳作;(5)于劳作所或农业所之轻惩役;(6)于惩役所之惩役;(7)无期惩役。(二)对于十八岁以上人犯政治的或社会的犯罪之制裁是(1)一般追放;(2)轻禁锢;(3)重禁锢。(三)对于少年犯罪之制裁是(1)监视;(2)交职业感化学校或感化船;(3)交少年劳作所或农业所;(4)交监置所。(四)对于精神不完全人犯罪之制裁是(1)监置所;(2)犯罪狂病院;(3)特别劳作所。(五)附加制裁(1)判决公示;(2)善行保证;(3)职业停止;(4)公职禁止;(5)外国人之驱逐。

胜枚举,所以就目前各国立法例而论,实在都已达到第二阶段,换句话说,目前各国刑法不是采用二元主义的就是采用社会防卫之一元主义的,这两种立法例孰是孰非,以及将来趋势若何,我们在此似应稍作简单的解剖。

主张二元论的人,认为刑罚的本质是对于恶之恶的反动,或者叫做"应报",应报是和生物之自己保存及种族维持的本能相同,是人类的一种天性;它支配人类的社会生活,并不是自今日始,实是"自古已然",所以就不是天性的话,也已经深入于人类的意识,而不能不继续地这样延续下去。刑罚既是不能不延续下去以支配人类的社会生活,而刑罚的本质又是对恶之恶的反动,那么,必定要行为在道义上有可非难的地方,或者说有刑事责任的人,才可以适用刑罚,其无刑事责任的人,在道义既无可非难,他的行为自然也就没有恶的性质;没有恶的性质,自更没有适用以"恶之恶的反动"为本质的刑罚的必要;但刑法也不能就此放任,而不谋补救的方法,保安处分就是基于这种刑事政策的要求,以补刑罚效力不及的地方;有些学者所以说刑罚有应报的本质,而保安处分则否;刑罚是基于道义的刑事责任产生的,而保安处分是补足刑罚效力所不及的地方;这是刑罚和保安处分不同的地方,也就是二者必须并存的理由。[1]

至主张社会防卫的一元主义者,则也认社会制裁是以"反动"(reaction)为本质[2],但解释的方法与二元主义者不同。他们以为社会反动的现象,是和其他的物理反动、生物反动一样,个人侵害社会,

---

[1] 见泷川教授著《刑法总论》第120—121页。
[2] 见 Ferri, La sociologie criminelle, p. 369。

社会是不问侵害者之精神状态如何，一律加以反击，正如同个人遇着侵害不必问侵害者是否成年是否为精神病人而执行正当防卫一样，个人之所以要执行正当防卫，不用说是保存自己的本能的冲动，社会之制裁犯罪者也不会有什么两样，个人防卫的方法，有时是依着侵害的方式和侵害者状态而有异，社会之制裁犯罪者也视侵害者的状态不同，所以只能说制裁的方法有差异，而不能说制裁的性质也随着不同，如是就有"将来的刑法应将刑罚之传统的概念和名称完全消除，而以保安处分代之，自属当然的命运"的结论。①

这两派的主张，见仁见智，自然都是言之成理，持之有故，不过我们以为二元论之为各国所重视的原因，实在于"经典派刑罚制度破产"（La banqueroute des systèmes penaux classiques）的呼声弥漫了欧美以后。譬如在意大利有所谓"制裁行为之无能力"（l'impuissance de l'action repressive）的呼声（见 Aguglia, L'impotenza dell'azione repressiva in Italia, e sue cause），在德国有"现刑法是无能力对待犯罪者"（Le droit pénal actuel est impuissant contre le criminalté）的论调，②在法国也有"制裁之破产"（la krack de la répression）的讨论，③其他若英美等国的学者莫不是苦心焦思的讨论这个问题，因为犯罪之迅速增加，是证明了传统的道义责任的刑罚的无效，然而又没有抛弃这件衣钵的勇气，所以才一方保留刑罚，他方增加保安处分，以为这样是两全之道。这种改良式的办法，在时代上我们以为未尝没有重大的意义，不过从法理上讲，究竟是难于自圆其说，因为未成年人和精神病人之不负刑事责任，若以为一者是精神未成熟，没有决断的

---

① 见 Rabinowicz, mesures de surête: études de politique criminelle。
② 见 Liszt, Kriminalpolitische aufgabe 登 Zeitsche f. die ges. Strafrechtsw. 1899 IX 482。
③ 见 Joly, Le Krack de la repression, dans le correspondant, 25 fevr., 1896。

能力，一者是精神遇着障碍，不得自主，所以在道义无可非难的地方，不能处以刑罚，才施行保安处分，那么，社会上之犯罪行为其能自主者实不多见了，其实普通人之犯罪动力也无非是由于复杂的各种原因，与精神病人之受病的驱使，并没有什么两样，何以二元论者必要施以两种不同的处分呢？所以近代实证派学者认为社会防卫之一元论，是今后刑法必然的趋势，实在可以说是"先见"之言了！

可是我国刑法系采二元主义的，所以本章仍得就刑罚和保安处分分别加以比较。

第二节　刑罚

第一目　生命刑

刑罚制度中以死刑之发达及适用为最早，东西各国，莫不如是，因为古代刑罚专重报复，"杀人者死"，自然成为天经地义的条文，兼之刑事政策尚威吓镇压的学说，所以死刑执行的方法，亦多利用残忍的手段，使犯罪者不特感觉生命之丧失，并且得在生命丧失之前，受种种身体上的痛苦，譬如肢解刑，火刑，十字刑等都是各国共同适用过的；吾国秦代极刑多至十种（戮尸，弃市，镬烹，车裂，枭首，凿颠，抽胁，体解，磔，夷三族），更是骇人听闻了。

不过时代究竟是前进的，残忍的死刑在中世纪已逐渐改变了它的形态，而只剩了剥夺生命的意义，不能再加受刑者以痛苦，所以执行的方法就在讲求怎样可以减少受刑者之痛苦，这是死刑在历史上第一种改变,也就是人文史上一种可喜的现象。继后在十八世纪末,居然有一部分学者,提倡废止死刑,给刑法学以莫大的影响,现在虽说还是刑法学上争论之一焦点,但是在原则上说废止论是占了绝对的优势,而只是渐进废止和即时废止的问题了。所以就目前各国立法例说,不外(一)法律上一般废止制(système de l'abolition générale de droit),(二)事实上一般废止制(système de l'abolition générale de fait),和(三)逐渐废止制(système de l'abolition graduelle)三种,兹分别述之:

(一)法律上一般废止制

(1)瑞士于1874年5月29联邦宪法(La constitution fédérale suisse du 29 mai 1874)第六十五条明白规定废止死刑,全国各州自然都得受这种条文拘束,不得采用死刑,其实在该宪法颁布前,已有数州用单行法废止死刑,像福利堡州(Canton de Fribourg)之1884年法,抑尚德州(Canton de Neuchatel)之1854年法,日内瓦州(Canton de Genève)1871年法等。但是在1879年瑞士"国务会议"(Conseil national)因一部分人民之请愿,将该宪法第六十五条交人民投票,结果议决该条修改为:"对政治犯不能宣告死刑;身体刑绝对废止",所以瑞士此后除政治犯没有死刑是一般的规定外,对普通犯罪就要以各州的单行法为准了,像乌利州(Canton d'Uri)和亚板虽尔州(Canton d'Appenzell)均在1879年以单行法规定恢复死刑之制,其余各州时兴时废,然总计目前瑞士的十五州,废止死刑的实占全体人口五分之四,所以学者们都认瑞士是在法律上废止死刑的国家[①]。

---

① 见 Garraud, Traité théorie et pretique du droit pénal français T. Ⅱ. P. Ⅲ, note 12。

（2）罗马利亚1866年宪法第十八条以明文规定废止死刑，继后1884年之刑法也没有死刑的规定。

（3）葡萄牙在1833年以后对于妇女犯罪者，事实上就没执行过死刑，1846年后，则对男犯也不适用死刑，所以很多学者说这是事实上废止死刑一个较早的国家，至于在法律上的根据，那还要算1867年7月1日之法律始；该法第一条规定"死刑从此废止"，1886年刑法修改后，也没有死刑的规定，而代之以八年独居劳役刑或二十年之逐放于亚非利加州刑（该法第五十四条）。

（4）荷兰1870年9月17日法律废止死刑，1881年刑法颁布后，死刑亦不存在，其刑制中之最重刑是无期徒刑并于开始执行之五年采用独居监禁制。

（5）挪威在1878年以后，事实上就没执行过死刑；其以明文废止者，则自1903年刑法始。

（6）瑞典于1921年废止死刑。

（7）丹麦自1933年刑法施行后，死刑即告废止。

（8）捷克斯拉夫之1929年刑法，亦无死刑之规定。

（9）此外在北美也有数州的法律是废止死刑的，像米西根（Michigan）(1848年)、罗德意斯郎（Rhode-Island）(1852年)、威斯公孙（Wisconsin）(1853年)、迷因（Maine）(1887年)；在中美（Amérique centrale）有哥斯德锐加共和国（Costa-Rica）(1880年)、加德马拉共和国（Gautemala）(1889年)等废止死刑；在南美有费内除纳（Venezuela）(1864年)、亚哥多尔（Ecuador）(1895年)、乌拉圭（Uruguay）(1907年)、哥伦比亚（Kolumbia）(1910年)及亚尔常丁（Argentine）等国先后废止死刑之制[①]。

---

① 见Liszt, Lehrbuch des Deutschen strafrechts, p. 373。

(二)事实上一般废止制

(1)比利时自1851年以后,死刑存废问题为议会争论之一焦点,①无法解决;比国之刑事学者如焖斯(Haus)②、尼卜尔(Nypels)③等都有专书讨论这个问题,各抒己见,对于学术界之贡献,实属不小;至今比刑法虽仍保留死刑的制度,然事实比国法庭自1863年以后,从没有对犯人作过死亡之宣告。

(2)芬兰在1826年尼古拉大帝时即以敕令废止死刑,刑法典颁布后又恢复死刑之制,1863年虽复有废止死刑的提议,而现刑法仍有死刑的规定,但事实上自尼古拉的敕令而后,就没执行过死刑。

(三)逐渐废止制(即保留死刑)

(1)意大利在未统一以前,多斯干纳(Toscane)侯国算是世界上废止死刑最早的一个国家,在1765年多斯干纳的执政者,内阿坡德侯爵(Le grand-due Léopold)就怀疑死刑的功用,但不敢贸然废止,后经过二十年不执行死刑的经验,社会安宁并不因之增加危险,才毅然于1789年11月30日以单行法废止死刑的制度。④ 在革命纷扰的时候,政府虽恐有危害于社会的安宁,而于1848年对谋杀罪及暗杀罪恢复死刑,然实际上仍未执行过,在全国统一时,本是首先编纂刑法,可是因为死刑之存废问题,须从学者的缜密研究,所以刑法典反在各法典之后完成,而颁布于1889年。在这部

---

① 如1853年、1866年及1867年等议会争论之激烈,为比国议会史上所仅见。

② Haus是赞成废止死刑的人,曾著 La peine de mort, son passé, son présent son avenir 一书可以参读。

③ Nypels是反对废止死刑的人,著有 De la pretendue nécessité de la peine de mort。

④ 见 Olivecrona, De la peine de mort 2ᵉ édit. p.124。

法典里，废止论的学者占了极大的胜利，死刑在意大利算是完全废止了，而以"无期徒刑"（L'ergastolo）（开始为六年之独居监，见该法第十一条、第十二条）代之。但是莫沙里尼柄政后，又以单行法于1926年恢复死刑之制，而适用于危害皇室及侵害内阁总理罪；这似乎是受政治关系的影响，并非是法理上有什么异样的主张；至这次新法典（1931年）不用说是有死刑的规定的。

（2）德意志在联邦政府未成立以前，有几邦已经废止死刑制，① 统一后于1870年编纂刑法，其草案并没有死刑的规定，一二读会议均已通过，谁知在三读会议时，铁血宰相俾斯麦以危害社会之安宁做理由，力主采用死刑制，以贯彻其政治上的主张，结果亦仅以八票之多数通过规定死刑，可见德国刑法之有死刑的规定，完全是当时铁血政策的影响。该法施行至1879年事实上就没适用过这个制度，一直到现在德国因为政治的不安定，每年都难免要用死刑，但犯罪的数目也并不算多，平均每年约有三十人被处死刑。现在希特勒之独裁政治，采用死刑作政治的后盾，更是必然的结果。

（3）苏俄刑法第二十条所规定的社会防卫处分，并没有死刑，是苏俄刑法在原则上不承认死刑的制度，极为明显；至同法第二十一条则规定："为防遏危害苏维埃政权及政体之基础之重大犯罪起见，至将来苏维埃社会主义共和国联邦中执委会对于本刑法之条文有变更为止，为保全勤劳民国家，例外暂得适用枪决之刑"，可见苏俄之采用死刑是例外的规定，是暂时的规定，同时也

---

① 像 Grand duché d'Oldenbourg, Duché d'Ankalt-Kœthen, Ville libre de Brême 等邦就是好例。

是政治的规定。

（4）法国在大革命前死刑之罪多至百余种，革命时代曾有废止死刑的提议，政府在原则上表示赞同，唯待秩序安定之后，才能实现，1810年刑法仍有死刑的规定，但是也大加削减，死罪事件仅剩三十六种，数年内更复削减而余十二件，1832年修改刑法，又减少一件；1884年之二次革命，临时政府对政治犯曾作这样地宣言："共和临时政府认为人类生命之不可侵犯，是一种极高尚的原则，据此兹特宣告死刑在政治事件上从此废止，并即呈送国民会议核准；因此临时政府有极坚强的确信，并代表法兰西人民声明，假使有人将使法兰西流血，则他将在全体人民监视之下，掌握之中，受到比死刑更痛苦的惩罚。"①这种刑罚上重要的文献，终结构成了1848年11月4日宪法第五条的条文，所以一直到现在法国死刑是不适用于政治犯的；至普通犯罪目前执行的也不多，因为法国有陪审制，陪审人员虽有确定死罪人犯之减轻原因的权利，此外，法国大总统又多利用特赦权，免除死刑的执行，譬如在1906年经判死刑的有二十九人，在1907年有四十一人，而这两年中竟一个也没执行，因为获着总统的特赦；所以在法国的死刑制是将和比利时相距不远了！

（5）英国在原则上虽有四种罪可以判处死刑（即叛逆，海盗，放火，谋杀），但就目前事实言，除因谋杀罪被执行死刑而外，其余的

---

① 原文是"Le gouvernement provisoire de la Republique... considerant qu'il n'y a pas de plus sublime principe que l'inviolabilité de la vie humaine déclare que dans sa pensée, la peine de mort est abolie en matière politique et qu'il presentera ce voeu à la ratification définitive de l'Assemblée nationale. Le gouvernement provisoire a une si ferme conviction de la vérite qu'il proclame, au nom du peuple français, que si les hommes coupables qui viennent de faire couler le sang de la France étaient dans les mains du peuple, il y aurait, à ses yeux, un châtiment plus exempaire à les degrader qu'à les frapper"。

罪多半是因减刑而不执行，近年平均每年有三十人被处死刑，执行的仅占半数而已。

（6）此外，像美国、西班牙、希腊、土耳其、秘鲁、智利、塞尔维亚、暹罗、日本等，都保存死刑制，但也可以说是在渐行废止，因为各国不特都在极力减少死刑执行的机会，并且在立法上多从事于减少死刑条文的工作，这实在是各国一致的趋势。

至于我国现刑法规定唯一死刑的条文，虽只有四条，然各种特别法多有死刑的规定，流弊所及，我们真有不忍言之慨，若说和别的国家比较，那我们更觉有极行纠正的必要。

死刑在各国立法例之现状，已如上述，那么死刑之将来又将怎样呢？学者见解不一，这里倒不妨将学者意见略加分析，并略附愚见，以作死刑运命之预卜！

在学术界首先认为死刑是非法的刑罚而提倡废止的，要算意大利学者白克加利亚，他在其名著《罪与刑》中说："主权和法律是由个人让渡的一部分自由所构成，它是许多个人意志的总和，但是谁又愿意让渡剥夺自己生命的权利给他人呢？"①所以死刑是不合法的。这种理论，是与卢梭的社会是个人以契约的组织成的理论一致，所以有些学者就引用卢梭的见解来驳斥，因为卢氏曾说过："人之犯罪是对社会宣战，故社会之科犯人以死刑是根据于战争权（le droit de querre）。"②如此说来，完成社会契约理论的卢梭，尚且认死刑是合法的，则白氏根据社会契约论来提倡废止死刑，似乎不能说是一贯的理论；其实，这点并不足说明白氏理论的错误，因为

---

① 见 Beccaria, Des délits et des peines. Ch. XVI p.93。
② 见 J. J. Rousseau, contrat social, liv. 2. Ch. 5。

卢梭对死刑的主张，本就没有一致的见解，譬如他在同书里又曾说："国家只有在不能捉获他的敌人时才有杀之的权利。"①犯人既已受法庭的审判，在战争的情势说，已经是俘虏的地位，国家自然又没杀他的权利了。不过我以为这种解释的错误，是根本在于社会契约论，国家决不是由契约组织成的，②刑罚权自然也不是个人由契约的方式让渡给社会的，所以建筑在它——社会契约论——上面的死刑合法的问题，根本用不着费词，而就可知其不能成立。

其次有柳加（Charles Lucas）主张死刑之非法论，他在其名著《刑罚制度论》（Du système pénal）书里说："死刑是非法的，因为个人有生存权，这种权利是不可侵犯的，"这种理由法国近代刑法学家加罗氏，曾驳复说："不错，个人的生存权是较其他的自由权等有更深刻的不可侵犯性，但是也有个限制，——他人的生存权——也不能就因此而剥夺了社会对它的构成分子保护的权利。"③如此说来，死刑并非是不合法的刑罚。

所以提倡废止死刑的学者，就不能不另起炉灶，来说明死刑不应存在的理由，主张百出，议论纷纭，归纳地说来，约有下列几点：

第一，国家之适用刑罚，无非在维持道德，但死刑本身就是以恶易恶，不特有违道德的本旨，以人杀人，抑且有伤人道。这样主张，不用说其力量是极其微薄，因为刑法和道德，本属两物，刑罚的执行，根本就无合乎道德之必要；而且道德论者如康德（Kant）氏不是有"孤岛上社会之解散，对最后的囚犯仍须执行死刑，以完成正义上的义务"的名言吗？

---

① 见 J. J. Rousseau 著前书第一卷第一章。
② 可参看拙作《刑罚权之根据》一文，登《法学杂志》第七卷第一期。
③ 见 Garraud 著前书第二卷第 118 页。

第二,从刑罚之要旨说,刑贵有伸缩性,才能适应复杂的罪情和个别的个性;死刑就没有伸缩性,所以不能采作刑罚;其实这也不能作废止死刑的理由,因为伸缩性是要以整个条文所规定的情形为断,目前各国刑法规定唯一死刑的犯罪,究竟不多,譬如说我国刑法第二百七十一条杀人罪的刑罚,是死刑、无期徒刑或十年以上之有期徒刑,执法者自然可斟酌地适用,这就不能说它没有伸缩性;或者还有人解释所谓伸缩性是就其某种刑罚本身而言,这自然不错,不过刑罚之所以贵有伸缩性,还是在适用时是否有任法官斟酌的余地而言,那么,从这点反对死刑,似乎也不是绝对有理的主张。

第三,还有人从诉讼之救济方面立论,认为死刑应当废止,因为法官无论怎样慎选,然并非人人圣贤,难保为错判的事,若是杀一无辜,事后纵然明了,也无法补救,那就难免贻司法杀人之讥;反对此说的人,以为"错误的可能性"(La possibilité d'erreurs)是人类制度中所难免的事;譬如医师之错误就较之于司法之错误多得多,难道说就因此要禁止医生的存在吗?①

第四,看了上述三种议论,似乎死刑还没有绝对废止的理由;但是近代学者主张废止死刑的还是大有人在(譬如 Bodio)②,他们的主张是死刑没有刑罚的功用,所以应该废止;原来刑罚的功用不外一般预防与特别预防两种;从一般预防言,是在使社会一般人见刑罚而生畏,不敢犯罪,死刑在这方面似乎是恰能充选;加罗氏更说在法国对于无政府主义者适用死刑,确有威吓的效果,③然而据

---

① 见前书同页。
② Bidio 在国际刑事人类学会议第一次开会时曾说:"死刑之没有刑罚的功用,我们可以在意大利废止死刑的立法经验上,得一明证,将来各国之废止死刑,是一致的必然趋势。"
③ 见 Garraud, L'anarchie et la repression, p. 113。

意大利二十年不适用死刑的经验,则死刑对于维持社会治安的效用,似乎不见得可靠;再说据孟德斯鸠(Montesquieu)的意思:"酷刑者,刺激人心之残忍,使发动其犯罪之观念者也,"①和老子所谓"民不畏死,奈何以死惧之",则死刑不特不能作一般预防之具,且有增加犯罪之危险;至就特别预防说,刑罚是在改善犯罪人不再犯罪,死刑根本断绝犯罪人之生命,自然没有改善的意义,就依实证派的主张,以为有很多犯罪人是没有改善可能的,为防卫社会安全计,处以无期徒刑,那也未尝不是永远隔离之一法,何以必定要适用死刑呢?这点我想是死刑制的致命伤,是它将在世界上绝迹的理由;所以李方斯同说:"人们要抛弃几千年不可动摇的经验,用了多少种和改变了多少方式的死刑,还是没有一点效果,这种伴随着人类不可计数的牺牲的试验,是没有减少犯罪的效用的。"②就是素主保存死刑制的加罗氏也说:"死刑之存废问题,是有空间性和时间性的,在甲地死刑的功用若仍存在,自应保存;反之在乙地或可废止;在目前死刑尚未全部失去其效用,自然可以适用,反之在将来死刑或者会趋于消灭。"③加罗这段话在刑之功用方面说,似乎是一种遁辞,但是就目前各国立法趋势言,确实有其见地,目前各国立法例,保留死刑的,固属不少,然减少死刑的条文,确是一致的倾向,死刑之废止,为期当不远。

至于死刑执行的方法,各国在古代都一致地极尽复杂和惨酷的能事,譬如在罗马法有火刑、四裂刑、溺死刑、生埋刑、猛兽格斗

---

① 见王元增编《监狱学讲义》第17页所引用。
② Livingston, Introductory Report on a Penal Code, p. 97.
③ Garraud, Traité théorie et pratique du droit pénal français, T. II p. 120。

刑等；日耳曼法系有斩、绞、生埋、镬裂等死刑；在英国古代法也有火刑、四裂刑及绞刑等；在我国秦代死刑更多到九种；①十八世纪而后，这种酷刑的风气稍杀，而一致变为简单化，并且多设法减少受刑者的痛苦；所以就目前各国执行死刑的方法而论，则仅有下列各种：

斩刑——如法国、德国等。

枪毙——如苏俄、塞尔维亚、智利、秘鲁以及各国受军事裁判的死刑囚，均适用枪毙。

绞刑——如英国、奥大利、匈牙利、西班牙、日本及吾国等。

电刑——如美国纽约州。

上记各种执行之方法，似以电刑为最能减少受刑者的痛苦，不过因经费关系，各国尚未采用。

第二目　身体刑

身体刑也是古代刑法适用最广之一种刑罚，无论任何国家都曾经适用过，像罗马的火印刑、宫刑、日耳曼法之断手、断指、抉眼、断舌、耴劓等肉刑，就是到清末尚有笞杖的刑罚。但是十八世纪而后，刑法思想转入博爱时代，刑罚之执行，不能有伤人道，身体刑就因之先后废止，当时各国学者似乎都认为这是野蛮的刑罚，不应该存在于文明的制度中。

到了十九世纪末，学者间又有倡恢复身体刑的，譬如意大利犯

---

① 秦代死刑执行的方法有：（一）戮尸；（二）弃市；（三）镬烹；（四）车裂；（五）枭首；（六）凿颠；（七）抽胁；（八）体解；（九）磔。

罪学家郎卜罗梭(Lombroso)和法国刑罚学家诸施(Cuche)等就是这样主张的人。诸施说得好:"有些犯罪人的性情,像小孩子一样,犯罪行为无非是稚气的表现,只要给予他身体上些微之痛苦,就可改善的。"①这是基于犯人个性的复杂,不是简单的自由刑所可收效,所以有这种主张,目前学者赞同的很多,可是在立法例上倒还很少有这种立法,虽说英国有笞刑的制度,适用之范围有限;②而在原则上有一重要限制,即不能有损犯人的健康,这与我国昔时只依罪之轻重而实施的笞杖刑自然不同。至其他各国则均无此制,这或者是防着刑法再退回到十八世纪以前的野蛮状态吧。其实,身体刑假若有无害于健康的限制和能因人而施,也未尝不是一种很有效的刑罚。

第三目 自由刑

自由刑在刑罚史上发达较迟,吾国周代圜土制度似近于自由刑的性质,然适用范围有限,且自秦以后,圜土已不复采用;至于秦朝有"城旦"、"鬼薪"等制度,历代又有流放等事实,然都距离近代自由刑的性质很远,不能说是以剥夺自由为主体的刑罚。这种情形在欧洲也极明显,虽说在罗马有公役刑,在希腊有矿役刑,在中世纪之法、意有船夫刑,但这些都无非是"与其杀之不如役之"的经

---

① 见 Cuche, Traité de science et de législation pénitentiaire, p. 231。
② 笞刑为1863年之虐待法所创立,1914年曾加以修正,适用于男性犯人之犯窃盗罪者、不可改善之无赖者(Chenapaus incorrigibles)以及便利他人奸淫者(见 2 and 3 geo. V. C. 20,《游荡人法》第三条及第七条),至十六岁以下之未成年人犯罪者,适用之范围则较广矣。

济观念的结果,并非认这种刑罚的内容是自由之剥夺。直到十六世纪欧洲因政局之纷扰,犯罪日多,一般学者及当局才觉悟杀戮之无效,不能不改弦更张,于是在 1550 年有伦敦惩治场的设立,始具近代自由刑的雏形。十八世纪而后,刑罚思想方面,既由威吓报复而转变到社会预防,一向不被重视的自由刑,一跃而成了刑罚中最主要的部分。

自由刑既是刑罚制度中主要的刑罚,所以各国对自由刑为种种的分类,而适应各种不同的罪情,举例来说,有所谓定期刑和不定期刑,有所谓无期自由刑和有期自由刑,有所谓剥夺自由刑和限制自由刑,还有所谓强制劳役之自由刑和任意劳役自由刑等,真是不胜枚举。兹先将各国自由刑规定之大概,约举如下,然后再分别论之:

(一)法国自由刑因犯罪之年龄而有种种不同之规定,未成年人自 1906 年及 1912 年之少年法颁行后,二十一岁以下之犯罪者,采用教育式的自由刑,其内容又因性别的区分而有不同处置。在男性未成年的犯罪者,而年龄又在十三岁以下的,交其监护人监督其品行,或交私人设立或公家设立的救济院(patronage)或交感化学校(l'école de reforme);其在十三岁以上之未成年人,则有监禁(六月以下)、①殖民地禁锢(六月以上二年以下)、②惩戒所(quartiers correctionels)(二年以上)。③ 至女性之未成年人则由公立或私立之"制裁所"(maisons pénitentiaires)执行。此外,对于任何未成

---

① 见法国 1850 年 8 月 5 日法第二条。
② 见同法第四条第二项及第三项。
③ 1850 年第十条原规定刑期在二年以上者交殖民地惩戒所执行,可是事实上为行政便利起见,仍在法国境内惩戒所执行,所以本书不用"殖民地惩戒所"的名称。

年人还有警察监视刑,这是限制自由刑的一种。

至于一般人的自由刑又可根据犯罪的性质分做两种:

1. 政治犯的自由刑　政治犯有剥夺自由刑和限制自由刑两种:剥夺自由刑又分为:(1)炮台流禁刑(la déportation dans une enceinte fortifiée),禁锢于殖民地的炮台里,与流刑性质相近,为终身刑之一种。(2)普通流禁刑(la déportation simple),也是终身刑,执行的地方和炮台流禁刑无异,所不同的是在殖民地指定固定的地方,任犯人居住,所以又和限制自由刑无异。① 然而法国大部分学者都认为既有指定的地域,犯人即不能自由迁徙,自然是剥夺自由刑的一种。(3)禁锢刑(la détention),在本国堡垒内执行,刑期自五年至二十年。② 限制自由刑就只有放逐刑(Bannissement)一种,即驱逐犯罪人出国,刑期自五年至十年,若中途逃回得加重一倍。③

2. 普通犯之自由刑也可分做剥夺自由刑和限制自由刑两种:前者有:(1)无期苦役(Travaux forcés à perpétuités),(2)有期苦役(Travaux forcés à temps)(自五年至二十年),④(3)惩役刑(la réclusion,刑期自五年至若干年),(4)监禁刑(l'emprisonnement,刑期,轻罪自六天至五年,违警罪一天至五天)四种;后者有警察监视刑、居住限制刑及"遣刑"(relegation)三种。

(二)比利时就剥夺自由刑说,比国刑法比较法国简略些,只有

---

① Garraud 氏说普通流禁刑就是指定殖民地为犯者的居留地,实际上是限制自由刑的一种。(见 Garraud 氏的前著第二卷第 225 页)
② 法国刑法第二十条。
③ 法国刑法第三十二条及第三十三条。
④ 苦役刑就是法国古代法中的船夫刑(Galères)演变来的。

苦役刑、禁锢刑、惩役型、监禁型四种。前三种是适用于重罪的,后者是轻罪和违警罪的自由刑,苦役刑也像法国刑法一样分作无期和有期两种,但有期苦役又分为十年至十五年及十五年至二十年两等(见比国刑法第七条)。禁锢刑只适用于政治犯,刑期分为五年至十年、十年至十五年、十五年至二十年三等(见同法第七条)。惩役刑也像法国的规定是自五年至十年。至于监禁之期间,则视轻罪或违警罪而不同,前者是自八月至五年,后者就只有一日至七日。

至于限制自由刑,比国刑法在1930年以前,仅有警察监视刑(同法第三条),目前尚有强制劳动刑。

(三)德国自由刑分为惩役(Zuchthaus)、监禁(Gefängnis)、拘役(Haft)和禁锢(Festungshaft)四种。惩役分有期及无期两种,有期惩役自一年至十五年。监禁之期间在原则上是一日至五年,唯在合并论罪得科至十年,未成年人之处死刑及无期惩役者,以十五年之监禁代之。拘役自一日至三个月,普通乃适用于违警罪,但该刑法第一百八十五条及第二百三十三条之轻罪,亦有拘役之规定,是为例外。禁锢期间自一日至十五年,与惩役及监禁不同的地方是前者在堡垒执行,而后两者是在惩役监和监狱里执行,前者无法定劳役,而后两者都须服法定劳役的。

此外,在德国有警察监视刑,为任意从刑之一种,被宣告此种刑罚者,警察有限制居住权、搜查住宅权,若被宣告人为外国人,警察并有权驱逐其出境。[1]

(四)葡萄牙刑法无死刑的规定,其刑罚中之最重刑为独居监禁及流刑两种,流刑自八年至二十年,独居监禁对重罪自二年至八

---

[1] 见德国刑法第三十八条及第三十九条。

年(以上二刑须配合科处),在轻罪则以二年为最高刑期,次之就要算禁居刑,即由法官指定犯罪地以外之任何地域居住,其期不能超过三年(见葡刑法第六十五条)。

(五)英国自由刑分惩役、监禁、感化、职业学校、警察监视五种:惩役乃于1853年法所规定,以代替废止之流刑,刑期原法本规定为五年以上,自1891年惩役法颁布后,则改为三年以上,其最高度就是无期惩役。监禁就普通法(the common law)说仅是一种单纯的剥夺自由刑,但自1898年及1914年两法颁行后,监禁刑就可分做三等,被处第三等的监禁刑者须做苦工,第二等监禁虽说也有法定作业,然较之第三等之苦役,实不可同日而语,至第一等监禁则不特没有法定劳役,而其待遇也与犯人不同,几乎是和民事监之对待债务人无异,三者刑罚均为十年以下。至于感化、职业学校、警察监视在英国均视为从刑,十二岁以上十六岁以下的犯罪者,得送感化院实施感化,期间自三年至五年,十二岁以下犯罪者则交职业学校训练,期间因程序定之,唯不得超过十六岁,①此外法院对任何犯罪者为预防再犯起见,得宣告警察监视刑,其期间不得超过七年。②

(六)波兰刑法规定之自由刑,在主刑有徒刑及拘役两种(该法第三十七条),在未成年之规定章里,有感化院之监禁及感化教育之处分两种,在保安处分章里,又有监管及强制工作二种。徒刑分有期和无期二种,有期徒刑之期间为六月以上、十五年以下(第三十九条),拘役之期间至少为一星期,至多为五年(同法第四十条)。

---

① 见英国1908年《儿童法》第五十七条至第一百○六条。
② 见英国1871年《犯罪预防法》第八条,以及1879年8月15日法律。

感化院之监禁及对于十三岁以上十七岁以下未成年犯罪者之自由刑,其期间最少为六月,最高度虽未以明文规定,然被监禁人已达二十一岁则不能继续监禁(见同法第七十二条)。感化教育之处分,亦系适用于上述之未成年者,其与前种不同者,乃在于剥夺自由的程度,换句话说,后者的性质是近于限制自由的。监管是为精神有缺陷的人和酗酒人而设的,因精神缺陷犯罪者监管于疯人院、疗养院,无期间之限制,至酗酒人该法第八十二条规定交付于适宜场所监禁之,其期间为两年。还有强制工作乃对犯罪行为系与厌弃工作有关的人设立的,其期间规定为五年(同法第八十三条)。

(七)苏俄自由刑有:(1)严重隔离之自由拘束,(2)不严重隔离之自由拘束,(3)强迫工役,(4)驱逐于国境之外,(5)限制居住五种:自由拘束有严重隔离或者不严重隔离,其期间均为一年以上十年以下,俱须服法定劳役(见苏俄刑法第二十八条)。强迫工役系限制自由刑,其期间为一日以上、一年以下(见同法第三十条)。驱逐分有期无期两种;限制居住有指定居住地及禁止居住地两项。

(八)荷兰刑法第九条规定自由刑为:(1)禁锢,(2)拘留,(3)工役三种,前两者为主刑,后者为从刑。禁锢有无期及有期之刑,有期禁锢之期限为一日以上、十五年以下,若有加重情形,亦不得逾二十年(见同法第十条)。拘留之期限为一日以上一年以下,加重亦不超过一年四个月(见同法第十八条)。工役刑之期间为三月以上三年以下,在官立之作业场执役(同法第三十二条)。此外荷兰刑法第三十七条第二项及第三十八条第二项尚有留置处分的规定,前者乃对于精神病之无责任能力人而设,留置于癫狂病院,其试验期为一年以下;后者则适于未成年人,于不满十八岁之期间内,留置于官设之教育场。

（九）日本自由刑有：(1)惩役（改正案改为惩治），(2)禁锢，(3)拘留，(4)居住限制四种。惩役在惩治监执行，分无期及有期两种，有期惩役之期间为三月以上十五年以下。禁锢刑置居于监狱，亦分为无期及有期两种，期间与有期惩役无异，这两种自由刑不同的地方，乃在于法定劳役之有无。拘留之期间为三日以上，三十日未满，在拘留场执行，居住限制之期间为一年以上三年以下。此外，日本刑法改正案复增设保安处分一章，规定(1)预防监护，(2)酒癖矫正，(3)劳动留置，(4)预防拘禁四种（见改正案第九十八条至第一百〇四条）。

归纳上述各国自由刑而论，我们似可得下列几个概念：

(1)无期自由刑之采用与否，本来自死刑废止论盛兴后，无期自由刑似有极重要之性质，但是有一部分学者认无期自由刑使犯人减少改过之勇气，阻碍感化效力之实现，像葡萄牙刑法和苏俄刑法（除驱逐出国有无期之规定外）是这样规定外，其他在南美有 Venezuela, Brasili, Bolivia, Urguay, Peru, Ecuador, Colombia 七国，在中美有 Costa Rica, Salvador, Cuatemala, Honduras 四国，在北美之墨西哥均没无期自由刑之规定。反对此论者认为无期自由刑是相对淘汰方法之一种，有假释及特赦等方法调剂，也未尝不可以促犯人改善，所以为保障社会之安宁计，主张保留无期自由刑的制度，目前各大国之立法例似均有此规定。作者以为无论有期或无期在学理上均难谓为得当，因法官既然不知道犯人能否改善，更无从确定犯人需要若干时间以改善，那么无期自由刑之不应存在，正与有期自由刑相等。

(2)有期自由刑最高额之不同，期间最长的要算葡萄牙，合流刑及独居监禁之期间为二十八年，因葡萄牙刑法既无死刑，又没有无期自由刑之规定，故其刑期之高，为世界所仅见；刑期最低的，是苏俄和瑞典两国刑法均规定为十年以下，其他国家像法、比、奥、西班牙等为二十年，德、荷、日、及我国则规定为十五年。

（3）限制自由刑，各国采用的种类虽有不同，然不像我国现刑法除对未成年人之感化教育及精神不健全人之监禁处分外，就没有其他的规定，似乎是一缺点。目前各国采用之限制自由刑要以警察监视，及居住限制为最多，其次是工厂服役刑，再次算是流刑。警察监视和居住限制在学者方面虽有认为是妨害出狱人或犯罪人的社会地位的主张，而倡私人监视制，但是这种刑罚在社会预防方面说，其功效很大，私人监视的力量薄弱未必能收效果，所以无论英、法、德、比、意、日等国有此制度，就是新兴国家像苏俄刑法也有同样的规定。工厂服役刑目前采用的国家虽不算多，然对累犯及游荡者实在是一种最有效的方法，将来之会普遍化，成为各国一致适用的刑罚，似属无疑，譬如比利时 1930 年社会防卫法之采用这种刑罚，就是个好例。至于流刑本是我国旧制，"舜流共工于幽州"，更是史家认系流刑的嚆矢，欧洲各国也早有这种制度，但自监狱学鼻祖何华尔（John Howord）非难流刑制度后，各国逐渐废止，现除法国、葡萄牙、西班牙等外，很少适用，其实若以改变犯罪人之环境，而适用流刑，也未尝不是一种犯罪补救的方法，不过在设备不全、社会组织不健全的国家是不能适用的。

此外，在美国试行的不定期刑制，实有注意之必要，这种制度由美国刑法学家 Wines 所首倡，他以刑期乃随犯人改善之需要而确定的，法官对于某犯人需若干时始可改善，正像医生之不能预先确定病人何日可以痊复一样地不可逆料，若所定刑期不足以改善囚犯,判决的功能就等于零,反之,则又未免浪费国家的经费;所以他主张刑期之长短,应由监狱官视囚犯之已否改善为标准。这种学理为1868年之美国监狱会议所接受,规定于该会之宣言第八条,翌年在爱米锐感化院(Reformatory of Elmira)试行,结果再犯者仅百分之十五,所以各州先后仿效,到现在不特北美之四十八州已有四十六州实用这种制度,而在欧陆也有渐渐仿效的趋势,譬如奥大利1928年7月18日之少年法第十二条,捷克刑草第六十九条,比利时1930年之社会防卫法以及德刑草第十条,均采用不定期刑的制度,就是好例。

第四目 财产刑

财产刑本是赎刑的遗制,与损害赔偿相混合,到罗马法才有刑罚的意味,以为将犯人财产之一部充公,也是收惩戒的效能,同时在日耳曼古代法,进步就比较迟些,并不认为是刑罚,而以为是"自由值"(Wergeld),因为犯罪者都难免私人的报复,行为人若缴纳相当的财产于族长,就可以获着他的保障,自由的生存着,不会被人家复仇。

至于现代各国之有财产刑,则不外以制裁利欲上之犯人,或阻止再犯之机会为目的,以前种目的规定的财产刑叫做罚金,后一种叫做没收,兹分别说明于下:

(一)罚金

罚金制度曾遭一部分学者抨击,认为系表现赎罪的意向,不过近代各国都因本制度能制裁利欲上的犯罪,并且能补救短期自由刑的弊害,所以还是采用。但罚金刑在实用上最易产生不平的结果,盖犯罪者贫富悬殊,同一金额,对于贫者,感觉太重,往往就不能缴纳,而富者则无关痛痒,不特有失刑罚惩治的本旨,且富者反可藉此而滥为不法的行为,这只要看罗马时代的富翁,往往预备相当的金额,击人自娱的前例,就可以知道。所以1891年万国刑法学会有"罚金科额之多寡,应视犯人贫富为准"的决议。现时葡萄牙刑法第六十七条,规定罚金数额依犯罪者平日收益之多寡为标准,在三年以内计算,由裁判定之。西班牙刑法第八十四条规定,"罚金数额之确定,以犯罪者之财产及能力为标准,不受罪情加重或减轻之限制。"苏俄刑法第四十二条规定"罚金多寡应参酌受刑之宣告者之财力状态定之"等,都是这种议决的规定。还有国家因着罪质的不同,而定最高额和最低额,譬如法国刑法,规定违警罪自一法郎至十五法郎,轻罪及重罪则自十六法郎以上,实则各条均有最低额和最高额的规定。至于比利时除违警罪规定自一佛至二十五佛外,重罪和轻罪以二十六佛为最低额,最高额则让诸分则规定,和我国新刑法在总则规定无论何罪最低额为一元,在分则仅规定最高额,似乎都是折中的制度。

  罚金在无力缴纳时,各国立法例大都易科监禁作为救济的方策,唯晚近刑法趋势认为罚金与自由刑的性质不同,应处罚金的罪犯,非万不得已,决不能为谋救济罚金的执行就易科监禁而剥夺犯人的自由。所以近时有所谓分期缴纳制及以工易罚制,前者在美国、挪威、荷兰、墨西哥等国都已采用,后者例如苏俄刑法第四十二条第二项,罚金征收时受刑人倘不缴纳,每罚金一百卢布,得易科不拘束自由之强迫工役一个月,波兰刑法第四十三条,犯人若无支付罚款之能力,或罚金征收迫令犯人破产时,法院令其工作代偿罚款,以及我国刑法第四十二条等。至易科监禁的最高期,各国规定也不相同,像法国是二年,西班牙、德国、暹罗、日本等规定为二年,荷兰为八个月,比利时、保加利亚、印度及我国都是六月,挪威是四月半,英国和芬兰为三月,瑞典则仅为六十日,这种监禁既为罚金的易科,性质既属不同,期间也就不宜太长,我国新刑法改订旧刑法之一年为六个月,似甚得宜。

此外,罚金判决确定后,受刑人即死亡,是否可向继承人执行的问题,学说上本有债权说和刑罚权说二种,各国立法例也就可以依着学说分做两种。采用债权说的国家,认为罚金裁判一经确定,国家和个人就成立债权和债务的关系,所以要就遗产执行,譬如法国、德国等都是这类的。而有的国家采用刑罚权的学说,认为罚金是刑罚的一种,自然不能向继承人执行刑罚,例如比利时刑法第八十六条、意大利旧刑法第八十五条、荷兰刑法第七十五条等。这两种制度,我们站在目的论的刑罚理论上说,犯罪人即已死亡,当然没有再行执行的必要,可是我国刑事诉讼法第四百七十四条竟以明文规定采用债权说,实在有违背"罚不及嗣"的精神。

(二)没收

所谓没收就是剥夺私人的所有权,而使之隶属于国库的刑罚,各国立法例有一般没收和特别没收二种,前者乃渊源于罗马法,和吾国古代籍没入官的制度相同,现时采用这种制度的国家较少,就是采用的话,也大都是对政治犯而设的,例如法国1918年11月14日法律之第三条,及苏俄刑法第十条。

至于特别没收,本是从刑的一种,各国刑法都有这类的规定,其范围多不外(一)违禁物,(二)供犯罪所用及将供犯罪所用之物,(三)犯罪所得来之物三种,而这类没收物,是否必由法律明定或者只由法官裁量的问题,各国法例也不相同,有由法律规定原则,而任法官在原则内自由裁定的,譬如比利时刑法第四十二条、意大利旧刑法第三十六条等,有完全由法律分别规定某物必须没收的,譬如法国刑法第四百七十条,规定没收物须有法律的明文规定,这种不同,在法理上说,似乎是以后者比较完备些,可是就实用方面看,则以自由裁定制要合宜些哩。

关于应没收之物,是否以属于犯人为限的规定,各国立法例也稍微有点不同,譬如法国刑法第十一条、意大利旧刑法第三十六条、德国、日本等规定,凡是没收物都以属于犯人者为限,而挪威刑法规定若于公益上有必要者,则不限于犯人之所有物,我国刑法则除违禁物外,均以属于犯人者为限,其意义似乎和挪威的制度相同,不过用语各别而已。

第五目　权利刑

权利刑是国家以审判的方法,剥夺犯人应享有的权利的刑罚。我国学者大半都说是名誉刑,其理由不外是这种刑罚的宣告,对于犯人的名誉,有很大的影响,所以命其名曰名誉刑。其实无论任何刑罚之宣告,都于犯人名誉有碍,并非是这种刑罚所特有的性质。而且这种刑罚的特质,是在于认为犯罪人在社会上没有执行,或者享受某种权利的能力,为着保护社会计,不能不剥夺他的权利,那么,不用说这是以权利为本质的刑罚了。或者有人以为生存权、自由权、财产权无一不是权利,若这种再叫做权利刑,似与生命刑、自由刑或财产刑在性质有混淆之弊,愚见认为正因为刑法上有生命刑、自由刑和财产刑的名称规定,更可以显示出权利刑是剥夺犯人除生命、自由、财产以外的权利刑,所谓相得益彰了。

各国立法例关于权利刑之规定,有认为刑罚与否之不同,譬如罗马法系之刑法，都是以权利之剥夺，为刑罚之一种，而英法系之国家以及日本等，则不认权利刑为刑罚，仅为惩役刑（重罪刑）执行自然之结果（如英国是），至于日本旧刑法也没褫夺公权的规定。

在罗马法系的刑法，对于褫夺的范围，又有仅褫夺公权和同时褫夺公权及私权两种制度。前者像芬兰、匈牙利、挪威及丹麦等刑法均规定为（一）公务员之资格，（二）选举人及被选举人之资格，（三）入军籍之资格，（四）学校教职员之资格，（五）为律师之资格等，近来我国虽因政治制度的关系，而有褫夺选举、罢免、创制、复决四权之资格的规定，然要不外是公权的性质。至后者像：

（一）法国刑法第三十四条之规定，实包括政治权（les droits politiques）（即投票权选举权及被选举权）、公权（les droits publiques ou civiques）（即为公务员及公署之雇员、法庭之鉴定人、陪审员、证人、其他法律行为之证人、携带军器、入军籍及为学校之教职员之资格）、私权（les droits de famille）（即为亲属会议之会员、监护人、财产管理人及亲权之资格）三种，此外在法国刑法原尚有法律上死亡之宣告刑（la mort civile）为大多数学者所反对，后由1854法律废止，而代以无偿处置及收受之无能力刑①（L'incapacité de disposer et recevoir à titre gratuit）和禁治产（interdiction légale）二种，故就法国现刑法言，所谓权利刑，实包括公权及私权二种而言，较之我国范围之限于几种特定公权，其相差真不可以道里计了。

（二）德国刑法除总则之规定，较法国刑法之范围略狭外，在分

---

① 即不能为遗嘱之行为或赠与之行为和收受遗嘱及赠与之行为，但收受特定分之遗产不在此限。

则尚有为铁路电气事业之人员之资格（见德刑法第三百一十九条）及为证人鉴定人之资格（同法第一百六十一条）之剥夺之规定。

（三）苏俄刑法第三十一条规定："凡褫夺公权、私权者，丧失下列各项权利：（1）选举权被选举权，（2）因选举而得就公共机关职务之权利，（3）就国家机关勤务之权利，（4）名誉称号之权利，（5）亲权。"

（四）荷兰刑法第二十八条规定权利之种类是：（1）被任命官职或特定官职之权，（2）从事军人之权，（3）选举人与被选举人之权，（4）司法上辅佐人或管理人之权，又除自身之子以外幼者之后见人、监督后见人、管财人或监督管财人之权，（5）父权，（6）营特定职业之权，这样虽与法国大同小异，然其范围无论公权私权均较法国为狭。

（五）波兰刑法第四十四条规定权利刑有下列四种：（1）公权（即丧失其对于立法及自治机关与一切公法上之团体之选举及被选举权，参加诉讼权，公务员之职分及位置与取得公务员之资格之权——见同法第四十五条），（2）国民荣誉权（即丧失科学上及荣誉上之头衔及其所有之奖章与品级以及取得头衔奖章及品级之权能——同法第四十六条），（3）执行某种职业权，（4）亲权及监护人权。

权利刑之性质，各国刑法的规定，也不相同，有的国家认为是从刑，不能单独宣告，譬如波兰刑法、荷兰刑法、芬兰刑法、我国刑法等，就是好例。有的国家认为权利刑是主刑，同时也是从刑，换句话说，单独宣告和从属宣告均无不可，譬如法国刑法认权利刑是政治犯的主刑、普通犯的从刑；苏俄刑法将权利刑与其他之自由刑等并列于第二十条之社会防卫之处分之种类，无主从之刑，但同法第三十四条复规定"凡宣告一年以上拘束自由之刑时，裁判官即应审核权利褫夺问题，又一年以下社会防卫处分之判决，不得褫夺权利"，故权利刑亦为从刑之一种；日本刑法改正案及德国刑法均有类似之规定。

权利刑之分割问题，各国法例亦有不同的规定，法国、苏俄、波兰及我国刑法均规定不可分别宣告者，而荷兰、德国等刑法则规定为可分割宣告者。

最后从期间说，有的国家完全采用终身制，有的国家兼采有期制。前者如法国刑法是，后者像波兰刑法规定死刑或无期徒刑之人，为终身褫夺权利，其他人犯为两年以上十年以下之有期褫夺权利；荷兰除无期禁锢与波兰相同外，有期禁锢为超过主刑二年以上五年以下，若主刑为罚金时，则为二年以上五年以下；苏俄规定褫夺权利不得逾五年；德国刑法规定重罪刑为二年以上十年以下，轻罪刑为一年以上五年以下；芬兰无期徒刑之褫夺权利为终身与波兰相同外，其他刑罚则为一年以上十五年以下。

归纳上述各项，我们似乎可得下列几个观念：（一）权利刑之内容，多采广泛之规定，不仅公权之剥夺，及私权亦在其内，还有些国家以某种职业为权利刑的对象，实在是社会防卫最完善方法的一种；（二）权利刑不特有从刑，而且是主刑；（三）除死刑及无期自由刑外，权利刑多半是有期的，而期间亦以十年以下为最多，吾国采芬兰之制，定为一年以上十五年以下，未免太长。

第六目　名誉刑

名誉刑的存在似乎还在自由刑之前，吾国《史记孝文帝本纪》有"有虞氏之时，画衣冠，异章服以为僇，而民鲜犯"的记载，《周礼》也有"用明刑耻之"的办法。在欧洲罗马法就认为"判决公示"（judicium publicum）示众以及戴草帽之游街（la promenade avec un chapeau de paille）之规定。① 法国现刑法继承罗马法的规定，于第三十六条规定公示判决为重罪刑从刑之一种，无宣告之必要，此外在分则还有对于轻罪判决公示的特种规定，乃属附加刑（la peine complementaire），非经宣告，不能执行。还有波兰刑法第四十四条第六款、荷兰刑法第九条第二项第四款，也都规定判决之公示是从刑之一。我国现刑法分则在诬告罪及妨名誉及信用罪两章中，虽然也有"因告诉人之声请，得令将判词全部或一部登报，其费用由犯人担负"（见第一百八十五及第三百三十二条），但这并没有刑罚的性质，而仅相当于民事的损害赔偿，所以此次新刑法将这两条删去，而归并于刑事诉讼法，所以总的说，我国是没有名誉刑的规定。

此外，近代各国立法例还有谴责刑的规定，即当众谴责，初仅用于少年犯，渐渐推行于一般人犯，像德国刑法第五十七条第四项就是规定属于十八岁未满之犯罪者适用谴责刑，法国1912年7月22日之少年法，意大利旧刑法第二十六及第二十七条以及英美等，都有类似的规定，至于苏俄刑法第二十条第十款和日本刑法改正案第三十一条第九款，就是规定谴责刑，适用于一般人犯的。

第三节　保安处分

在上面说过保安处分是十九世纪末的产物，而以1893年瑞士

---

① 见 Jousse, Traité de la justice criminelle t. II p.68。

刑草为嚆矢,不过我们也不能就因此而说在那时以前绝对没有这种规定的存在,其实各国法典中的限制自由刑,就是富有这种性质的制度,尤其是对于累犯的加重规定和特别处罚等更非以保障社会的安宁,不足以解释刑法维持正义的理论,所以我们只可以说保安处分在刑法里系统化的规定,是自斯托司草案始,而不能说1893年以前各国法典中没有保安处分的规定。

自瑞士刑草发表后,就有奥大利刑草、德国刑草、意大利洛哥(Rocco)氏创意之刑草,以及波兰刑法、意大利刑法、我国刑法等,都是在刑罚以外规定保安处分的,此外像苏俄刑法没有刑罚和保安处分的分别,而在比利时有1930年之《社会防卫法》,在英国有1864年之《强制劳动法》、1869年之《常习犯人法》,及1908年之《犯罪预防法》,在纽约州有1926年之Baumes法,①在日本有明治三十三年公布大正十一年改正之《感化法》②等,都是于刑法之外以特别法规定保安处分的例子。

保安处分的种类在意大利洛哥草案是分做人身方面的保安处分(Mesures de sûretés personnelles)和财产方面的保安处分(Mesures de sûretés patrimoniales)两种。前者又因为自由之被剥夺与否分为二大类,剥夺自由的保安处分有(一)农业作场(Colonie agricole),(二)劳动场所(Maison de travail),(三)监护处(Maison de Santé et de Garde),(四)精神病犯人治疗院(Asile d'aliénés criminels),(五)感化处(Maison de correction)五种;不剥夺自由的保安处分也

---

① 关于纽约州之Baumes法,可参看刘陆民君作《关于常习犯职业犯的刑事政策之比较研究》一文,登《法学丛刊》第二卷第六期。

② 日本《感化法》已由彭清鹏君译为中文,载《中华法学杂志》第四卷第九第十号合刊,读者可以参阅。

有(一)保护管束(Liberté sous surveillance,或译作监视自由),(二)居住限制(Interdiction de séjour),(三)常习饮酒之禁止(Interdietion de fréquenter des débits de boissons alcooliques),(四)业务停闭(Fermeture de l'établissement),(五)驱逐出境(Expulsion de l'étranger)五种,至于财产方面的保安处分,也可以分做两种,一是以金钱为善行之担保,另一种是没收。

意大利新刑法第二百十五条虽略有变更,但仍是分为对人的保安处分和对物的保安处分。对人的保安处分又有拘禁的与非拘禁的两种,拘禁的保安处分有(一)致送于农业惩治场及工业场,(二)收容于治疗所及监护所,(三)收容于刑事精神病院,(四)收容于刑事感化院四种;非拘禁的保安处分也有(一)自由监视,(二)禁止居住于一个或数个地域,(三)禁止时常进入于贩卖酒精饮料之公共场所,(四)驱逐出境四种。至于对物的保安处分,系规定于该法第二百三十六条,分为善行保证(提出一千里耳以上二万里耳以下之金额为保证金)和没收两种。

波兰刑法除对于未成年人另有专章规定感化教育及谴责外,普通的保安处分有疯人院、疗养院(第七十九条)、监管所(第八十二条)、强制工作处(第八十三条)以及监禁所(第八十四条)五种。

至于我国新刑法则有感化教育(第八十六条)、监护(第八十七条)、禁戒(第八十八条及第八十九条)、强制工作(第九十条)、强制治疗(第九十一条)、保护管束(第九十二条)、驱逐出境(第九十五条)七种。

看了上述各国情形,我们可以说保安处分的种类,各国大概是相同的,没有多大的分别,所不同的地方,实在于执行的方法,以下我们再在这方面加以比较。

(一)从原则方面说能够适用保安处分的人是刑事上不负责任者,这是各国刑法所皆同的,然而不负刑责的人具备何种条件才能适用呢?各国规定就有些歧异的地方,譬如瑞士草案第十七条及第十八条之规定,是不负刑责者表现对公共秩序之危险性及限制其行动之必要时,才能适用保安处分。意大利刑法第二百〇二条规定保安处分只对于社会有危险性者,犯法律上规定之罪时,适用之。奥大利草案第三十六条规定无刑事责任者必具备(1)有危险于公共安宁之状态及(2)法定刑在六月以上者,始有酌量适用保安处分与否之余地。波兰刑法第七十九条及第八十条则以对于法律秩序有发生危险之虞时,为适用保安处分之前提要件。我国刑法无明文规定适用的条件,是则法官有绝对之酌量权,较之于上述各国的规定,自然是比较合用些,不过解释上仍不能逃出"有危险于公共安宁之虞"的范围。至奥大利之以法定刑六月以上为标准,似乎还脱不了事实主义的窠臼,与保安处分的意义相反。

(二)其次关于减轻责任人一方受减轻刑罚之宣告,同时他方又有保安处分之实施,则执行之先后以及犯人改善后是否再行执行等,都得加以规定,各国立法例关于这个问题,约有下列三种之规定:

(1)刑罚制　这种制度是以刑罚为主体,而保安处分居于从属地位,减轻责任者并不是没有刑责,有刑责,就得"处罚"(punir),处罚完毕,才能谈到"保护"(soigner)的问题,"所以刑法规定刑罚先保安处分而执行,是有理由的",[①]而奥大利刑草第三十七条以及德国刑草都是这样规定的。

---

① 见 Rabinowicz, mesures de Sûreté p. 52 所引用克利格斯格曼教授(Professeur Kriegsmann)语。

(2)保安制　这是以保安处分做主体,减轻责任者先执行保安处分,执行完毕而认为没有再执行刑罚之必要时,法院就可宣告免除其刑之执行,例如波兰刑法第八十条第二款规定"若此等犯人受徒刑之宣告时,法院得于其出疗养院之后决定应否执行其刑",此外像瑞士草案也是这样规定的。

(3)折中制　这种制度是分别减轻责任人的种类,再确定其执行的次序,譬如我国新刑法就是好例子,对于未满十八岁和因精神耗弱或喑哑而减轻其刑者,都得于刑之执行完毕或赦免后,再施感化教育(第八十六条第二项),或监护(第八十七条第二项),而未满十八岁人是受三年以下有期徒刑、拘役或罚金之宣告的,就得在刑之执行前,适用保安处分,同时法院若认为依感化教育之执行,已无执行刑罚之必要时,还可以免其刑之执行(第八十六条第四项),至于因精神耗弱和喑哑之减轻责任人,可就没有这种变通的办法。换句话说,折中制在原则上是与刑罚制一致的,先执行刑罚,再适用保安处分,但未满十八岁人在合乎法定要件时(即宣告刑为三年以下之徒刑、拘役或罚金),得适用保安制。

以上三种制度虽说都不无相当的理由,可是我们始终以为刑法之本旨是矫正犯人之恶性,绝其再犯之机会,那么,自然要以保安制为最好。刑罚制之拘泥于责任观念,固不足取,就是折中制,也不能算是两全其美。因为感化教育本应先行适用,才能改变幼年罪犯的心性,而法律何以又必加以刑罚重轻之限制呢?若不幸未满十八岁者,受三年以上有期徒刑之宣告,则不能免除刑罚之执行,且执行后之感化教育,亦将失其效用,这是对于未满十八岁之减轻责任者,规定不合理的地方。至于心神耗弱人或喑哑者,何以必待刑罚执行完毕后,才适用保安处分,就未免有点近于"画蛇添足"的性质了。所以我们以为无论是刑罚制或者是折中制,都无非是道德责任观念的作祟罢了!

(三)对于酗酒或常用麻醉品的犯人,各国规定约有下列几种:(甲)瑞士草案第三十三条及波兰刑法第八十二条,都规定法院得将犯人交付于适当场所监管之;其监管期间为两年,对其宣告之刑,将来再为决定执行。(乙)意大利刑法第二百二十一条因习惯状态或因常用麻醉品作用,犯重罪处惩役而未命令其他拘禁保安处分时,得收容于治疗所及监护所,又同法第二百二十条犯人收容于治疗所及监护所之命令,在执行自由刑终了后,或其他方法消灭后,执行之。(丙)我国刑法对于酗酒及吸麻醉品犯人之保安处分,虽均为禁戒,然执行方法则分别加以规定,即对于前者禁戒之期间,不得逾三个月,并须在刑之执行完毕或赦免后为之(第八十九条),而后者之期间,是六个月以下,乃于刑之执行前为之,依禁戒之执行,法院若认为已无再执行刑罚之必要时,还可免除其刑之执行。

这样三种制度很明显地要以瑞士草案和波兰刑法的规定为最妥善。意大利刑法规定待刑罚执行后,再适用保安处分,不特在理论上讲不通,而实用上尤要发生很多的窒碍。至我国制度之分别烟犯(麻醉品)和酗酒犯人,适用不同的规定,实在不知道立法者真意之所在,无怪乎有人要发出"于烟犯何其恕,而于酗酒犯罪者何其酷"[1]不平的呼声。自然,这并不是公平的问题,可是烟犯和酒犯在犯罪学上都是属麻醉性质的,并没有不同的地方,刑法又何必要加以互异的处分呢?

(四)对于习惯犯人的保安处分,除已构成累犯将于下章讨论

---

[1] 见俞钟骆作《刑法修正案之保安处分》,载《法学丛刊》第二卷第六期。

外,此地仅就各国保安处分的规定,简略的加以说明。

关于这种规定约有三种制度,第一是完全适用保安处分,譬如瑞士刑草第三十一条,"法官得对有犯罪之习惯者或因游荡或懒惰成习而犯罪者,宣告送致于特别惩治场所,以代替刑罚",意大利刑法第二百一十六条,"下列者送致农业惩治场或工业场,(1)被宣告习惯性或职业性重罪犯或犯罪性癖者……"这样不顾道德责任观念的规定,不能不说是一种大胆的改革。其次是在普通刑罚执行后,再看有无必要,而决定适用保安处分与否,譬如波兰刑法第八十四条第一款,"凡经法院查明三次再犯原罪以及以犯罪为职业或惯于犯罪等不可矫正之犯人,于刑之执行后,若任其自由行动,则恐对于法律秩序发生危险时,法院得将犯人判令监禁于适当之场所"。我国刑法第九十条,"有犯罪之习惯,或以犯罪为常业,或因游荡或懒惰成习而犯罪者,得于刑之执行完毕或赦免后,令入劳动场所,强制工作。"这种以保安处分作为补充刑罚效力不足的规定,不用说又是经典派观念作祟罢了。此外德国刑草的规定,是既不像瑞士或者意大利之可以用保安处分代替刑罚,又不像波兰和我国之以保安处分补充刑罚的效力,而仅能科以刑罚,形式上似乎是纯粹的经典派的产品,不过在实用方面,该草案规定这种犯人刑罚的执行,应于特别场所为之,所以这无异是以保安处分,代替一般的刑罚了。

(五)此外对于外国人犯罪的保安处分,各国一致是驱逐出境,以保障本国的安宁,这是各国所相同的。

在上面我们已经把各国关于保安处分的种类和执行的规定大略地介绍了,以下还想把1928年罗马国际刑法会议对于保安处分讨论的情形,再简略地说一下。因为"从刑法的进化观点说,刑罚的二十世纪，就是保安处分的世纪"，①而罗马会议又是为保安处分的世纪，预备了它所应完成的工作，所以从此不特可以使我们知道保安处分的重要性，并且可以明了它今后的趋势。

罗马国际刑法会议于1928年5月15日开会，同月20日闭会。对于保安处分分三方面讨论：第一是保安处分的理论，由波兰代表亚柏波尔教授(professeur Rappaport)担任报告；其次是保安处分的种类，由亚推雷斯哥教授(professeur Radulesco)报告；第三是保安处分的执行，由费利教授报告。这三种报告，除第三种我们已在上面就各国实情说过外，兹再分别说明如下：

第一，关于保安处分的理论，亚柏波尔教授开始就说："新的理论没有全部胜利，也不是失败，而是在刑法学上和现实法上获着了莫大的实用的价值，和使它们有惊人的进步，这不用说是费利先生五十年来努力的结果。"接着他又说："目前各刑法之采用二元制，显示出在刑法里是否承认保安处分的理论，而承认它们的实用，在这种情形之下，意大利草案是为各国将来的刑法做了预备的工作。"这样寥寥几句话，说明了保安处分理论的地位，和它的将来，因为目前各国刑法之采用二元制，是显示以前刑罚理论之不合乎实用，不能不屈服于新制度之下，这种屈服，虽然是渐进的，但是时间的经过，使刑罚之归于消减，是势所必然的事，更何况苏俄刑法已经是全部采用意大利草案的制度呢？

其次，关于保安处分的种类问题，亚推雷斯多教授曾制了一个很简明的表格，作为报告，他认为保安处分的将来，总是这样的，现在译在下面，以供参考。

---

① 见 Rabinowicz 著前书第134页。

保安处分目的之形态	保安处分之种类	执行的对象
(一) 教育处分	教育所或改正所	仅适用于未成年人
(二) 监视处分	自由监视所	仅适用于未成年人①

(三) 治疗处分
- 精神病犯罪者病院
  - 癫狂者
  - 才智不足者
  - 中毒者
- 健康院
  - 半精神病人
  - 部分之才智不足者
  - 酒醉者及习惯性之中毒者

(四) 隔离处分　劳动所
- 不可改善者
- 习惯犯罪者
- 职业犯罪者

(五) 感化处分　劳动所
- 被学校开除者
- 社会生活之不适合者

(六) 预防再犯处分
- 居住限制
- 禁止饮用酒精
- 驱逐出境
- 特别没收

适用于一般犯罪者

(七) 禁止执行权利处分　禁止执行一定之业务　适用于一般犯罪者

---

① 这种处分目前各国规定并不仅适用于未成年人，譬如意大利刑法、波兰刑法等都适用于因懒惰而犯罪者，还有的国家认为这是从刑的一种，譬如法国刑法就是个例子。

第六章 累犯

累犯的观念在罗马法虽有规定,但是不像现在各国刑法规定的详尽,在罗马时代最普遍的现象是只要再犯罪或者同时犯数罪,也不问中间有无判决或刑之执行,都叫做累犯,和现代法的并合论罪的情形,实无不同,从加重方面说,那还要累犯同一之罪才能加重处罚,否则就要看有无特别的规定了。

就现代立法例而论,无论构成的要件或者加重的方法,都有极不同的规定,兹分别说明之:

(一)从构成之要件言有三种不同的规定:

(甲)关于第一次犯罪的条件 这种条件的规定,可以分做法国派和德国派两种。法国派的刑法规定,只问曾否受罪刑之宣告,至执行与否,则与累犯之成立无关。譬如甲今日受罪刑之宣告,明日又犯罪,就是累犯。而德国派的刑法,则以为非第一次宣告之刑,执行完毕,或执行一部而免除后,不能构成累犯。其实这两种制度,都不完备,因为就法理说,累犯之所以要加重其刑,是基于初犯所科的刑罚不足以改良他的恶性,那么,自然要待刑之执行完毕后,才能证明初犯刑是否足以改善。但是就实用说,德国派的规定,又未免有减少初次宣告的功效之嫌,因为宣告后再犯罪还不能认为是累犯,犯人对于刑之宣告就可以不加顾虑而再犯罪了。所以意大利1868年刑草第七十一条第一项和第七十四条第一项规定同时采用两派的制度,学者称之为"折中制"①,即受刑之执行后再犯者,固然是累犯,就是罪刑之宣告后再犯的,也是累犯,不过后者加重的分量,比较前者的分量略微轻些,不过这样规定的国家,在目前还是少见,而且除了瑞士有十一州的刑法②采用法国制而外,几乎全体都是采用德国制的。

（乙）关于前后二罪之性质的条件　这方面的规定有特别累犯制、普通累犯制和混合制三种。首先,以曾犯一定之罪,再犯此一定之罪,或同类之罪,做累犯构成的条件,叫做特别累犯制;譬如(1)德国刑法规定累窃盗、强盗或赃物罪加重其刑,(2)荷兰刑法第四百二十一条至第四百二十三条规定累犯窃盗、侵占、诈欺及侵害生命身体罪,加重其刑,(3)波兰刑法第六十条规定再犯同样之罪,或同样目的之罪,才能算是累犯,(4)苏俄刑法总则没有累犯的制度,仅在分则各章中为个别的规定,那自然非犯同章之罪不可了。其次,所谓普通累犯,就是曾经犯罪,而再犯,不问犯罪的种别,一概认为是累犯;譬如法国刑法第五十六条至第五十八条,在1891年以前就是采用普通累犯的制度,犯人第一次被处无期苦役,若是第二次所犯的罪,也要处无期苦役的,就要加重至死刑,若第二次所犯的罪,应科流刑的,则加重至无期苦役,再若第二次所犯的罪,只是有期苦役的,则加重至法定最高期,此外比利时、北美合众国、日本以及我国新刑法第四十七条等,都是这一类的规定。第三,混合制系同时采用上述二种制度,或者说把累犯再分作同种累犯（特别制）和不同种累犯（普通制）两种,分别加以规定;例如意

---

① 见 Carrara, Fogli di lavoro sul progetto del codie pénale italiano t. Ⅱ p. 296。
② 即 Gurich, Glaris, Fribourg, Bâle-ville Bâle-campagne, Schaffouse, Tessin, Vaud, Valais, Neuchâtel, Genève 等十一州。

大利旧刑法第八十条规定累犯不同种之罪,不得科以法定刑之最低度,同法第八十二条规定累犯同条或同章之罪或下列各款同款之罪者,为特别累犯①(其现行刑法第九十九条,也有类似的规定),法国刑法在1891年刑之加重及减轻法颁布后,也采混合制。

综观上述三种制度,特别累犯制认为非再犯同样的罪,不足以显示初次刑罚的无效,所以累犯加重,必须限于再犯同样之罪,这种解释,目前各国学者多加以非难,因为对窃盗罪科刑的意义,并不是说仅使犯人不再犯窃盗罪,而是在于去其为非的恶性,初犯窃盗罪,再犯杀人罪或者诈欺罪,其恶性的表现,总是一致的。法国刑法学家奥多郎(Orolan)说:"特别累犯制是刑法的幼稚性"(Le système de la récédive spéciale était l'enfance de la pénalité),②实在是极有见地的批评,可是实际上各国刑法采用特别累犯制者反占多数。至于混合制原是以普通累犯制做原则,而另规定几种犯罪,必须再犯同样的罪做例外,特别加重其刑,并没有一贯的理论,我国旧刑法竟盲从规定,结果自然会有许多不妥的地方,新刑法改采普通累犯制,未尝不是立法上一大进步。

(丙)关于初犯、再犯间时间的条件　这种条件,虽然有一部分学者认为无论何时再犯,均应以累犯论,不过这究竟有背于时效的原则,所以现时各国刑法除苏俄外,都有时间的限制。其长短在意大利旧刑法是与行刑权时效相等,德国刑法第二百四十五条规定

---

① 意大利旧刑法第八十二条所规定同款之罪,即(1)危害国家罪;(2)公务员违背职务或滥用职权罪;(3)妨害政治上或信仰上之自由罪;(4)诬告或伪证罪;(5)危害公共安宁罪;(6)刑法第三百三十一条至第三百四十八条所规定之妨害善良风俗及家庭罪;(7)杀人罪与伤害罪;(8)窃盗、抢夺、强盗、诈欺、掳人勒赎赃物及以破产之方法为诈欺行为罪。

② 见 Ortolan, Traité de droit pénal t. Ⅰ. p. 570, No. 1197。

是十年，荷兰刑法第四百二十一条至第四百二十三条，日本刑法第五十六条（改正案第六十三条），波兰刑法第六十条，英国、比利时及我国刑法等，均规定为五年，这可以说是立法例中最多的。唯意大利新刑法的规定，就稍为有些不同，在原则上是无论何时再犯，都可以累犯论，但在五年之内的犯罪，更是特别加重之一原因。此外，像法国则以重罪、轻罪及违警罪之不同，而有分别，在重罪没有期间的条件，换句话说，受重罪宣告的人，无论何时再犯，均以累犯论（第五十六条），在轻罪则限于五年之内（第五十七条），才能算是累犯，在违警罪则规定为一年之内（第四百八十三条）。其实这种期限，似乎不宜过长，免得手续上发生种种困难，尤其是在司法设备不完善的我国，更不宜乎太长，而且就犯罪统计观察，再犯大半是在一年之内，那么，时间更没有冗长的必要了。

（二）从处刑言，各国所采用的制度，除西班牙外，都是加重科罚，不过加重的方法，则有下列各种的不同：

（1）不定刑期监禁　这种制度是认为犯罪不外两种，一种是偶然犯，绝对不应该送入监狱，与其他犯人接触，以免传染，另一种是习惯犯（即累犯者），绝不能任其离开监狱，以免危及社会，所以累犯的刑罚，应当是不定期的监禁，视其恶性是否改善，而定出狱与否，这种制度，现时采用的国家，还很少，除了北美有数州的刑法以外，就只有日本刑法改正案第六十六条的规定了。

（2）无期放逐于殖民地刑　这种制度是意大利学者所主张的，曾提议于1890年之圣彼得堡国际刑法学会议，对于特种累犯功效极大，因为这不特消极方面可免社会危险，而在改变累犯者的环境和促进累犯者的改善上，尤其有积极的功能，无怪乎法国1885年法最初采用以后，葡萄牙接着就以1892年法规定采用矣。

(3) 长期工厂服役刑　最初采用长期工厂服役刑的国家,是比利时,后由费利氏提出于 1894 年之里昂国际刑法学会议,现时各国采用这种刑罚的,均限于特种累犯,例如比利时 1891 年法之对于乞丐及游荡人犯,圣加纳(St. Gall,瑞士)邦同年法之对于惯习酗酒人犯,英国 1908 年法和埃及同年法之对于窃盗犯等是。

以上三种制度是对于累犯的特种刑罚,为的是所谓累犯之处罚加重乃基于普通刑罚之不足以改善,自然有采用特种刑罚之必要,此外尚有只就原刑加重(如有期徒刑的延长刑期,罚金的增加数额)和加重刑罚之等级两种立法例。

(4) 就原刑加重的立法例,如：

荷兰刑法第四百二十一条至第四百二十三条。

瑞士日内瓦州刑法第三十四条至第三十六条。

暹罗刑法第十二条至第十六条。

日本刑法第五十七条及改正案第六十四条。

意大利旧刑法第八十条。

我国刑法第四十七条。

(5) 就原刑加一等　这是依照刑法上所定的刑级表加重处罚制,例如拘役加一等为有期徒刑,再加一等为苦役等类,现时采用这种制度的有：

比利时刑法第五十四条至第五十六条。

法国刑法第五十七条至第五十八条。

匈牙利刑法限于重罪及轻罪,规定于第三百三十八条第三百三十九条第三百七十一条及第三百八十四条第四项。

瑞士福德州刑法第六十九条。

瑞士福利堡州刑法第七十六条。

瑞士柳山德州刑法第九十六条。

上述各种处刑方法,似以前三种特种刑为较优,因为累犯多半是习惯犯人,徒增高普通刑,实无济于事,尤其是加等制,更难免有失轻失重的弊病,惜乎我国新刑法仍采第四种制度,在刑事政策方面说,未尝不是一大缺点。

第七章 数罪竞合

数罪竞合是一人犯数罪,中间没有裁判的辗断,在立法史上这种规定,则早在罗马法就已经有了,其内容因私罪和公罪而有不同:(一)私罪的处罚,本以损害赔偿为本质,似乎不用问罪的数目,而以损害的程度为依归,但是罗马的法学家主张并不尽同,譬如乌乃皮洋(Ulpien)氏就主张私罪之竞合应该并科的,而保罗(Paul)则认为应当执行各刑中之最重者,因为在犯罪方面可以大包小,在刑方面可以重含轻。(二)公罪又因想象竞合和实体竞合而异其规定,想象竞合采用保罗的从一重处断的理论,实体竞合则适用乌乃皮洋的并科说。

至目前各国立法例,那就复杂极了,譬如在英国简直可以说没有关于竞合罪的规定,无论连续犯、牵连犯都是分别成立数罪,彼此没有关系,在法国于刑法不加规定,而规定于刑事诉讼法,此外各国虽然在刑法里有相当的规定,但内容也不一致,以下为便于比较起见,分为构成的条件、竞合罪的种类和科刑三节,加以说明:

第一节 竞合罪构成的条件

一人犯数罪叫做数罪竞合,是各国共同承认的原则,但是除了数罪而外,还要具备哪种条件,才能构成呢?关于这点有的国家刑法规定这数罪的发生,都要在裁判宣告以前,像荷兰刑法第六十三条"凡犯罪人受一刑之宣告后,若更就其宣告前所行之犯罪或违警罪,而宣告有罪时,则当从关于同时判决之本章之规定,而参酌前宣告之刑"。此外为德国刑法第七十三条,苏俄刑法第四十九条及我国刑法等都是好例。有的国家认为在刑之执行尚未完毕以前,犯数罪者,都叫做竞合罪,譬如瑞典刑法第四章第九节规定"犯罪经确定裁判后,在刑之全部未执行完毕前,而犯他罪者,仍应前节之规定,更定其应执行之刑",以及意大利旧刑法等是。还有国家限于裁判确定以前所犯的罪,才算是竞合罪,例如葡萄牙刑法第一百〇一条,日本刑法第五十四条和改正案第二十七条,以及我国暂行新刑法等,都是采用这种制度的。

  上述三种制度,在采用第二种制度的立法理由,认为一人犯数罪的情形,在刑法上不外累犯和竞合犯两种,累犯之数罪,既以刑之执行完毕后再犯罪,做构成的要件,那么,凡是在刑之执行未完毕前所犯的数罪,自然是竞合罪。其实累犯是刑法上一般加重的条件,竞合罪是适用刑罚时的一种制度,两者并没有牵连的关系,所以在法理上这样规定并没有必要,而且这样规定在刑事政策上说,还有一个流弊,就是在执行中所犯之罪都能推翻以前的判决,使犯人享受竞合罪的利益,似乎近于奖励犯罪者在刑之执行未完毕前再犯,所以目前采用这种制度的国家很少。第三种制度,虽然范围较第二种制度小些,可是在裁判宣告后确定前,因更犯罪而须更改原判决,其弊害的性质,实和第二种制度相同,结果自然要以第一种制度为最合乎刑事政策的要求。我现刑法改暂刑律之规定，而取第一种立法例，似很得宜，但是新刑法又复规定裁判确定前犯数罪者，并合处罚之，恐怕不是立法的进步吧！

第二节　数罪竞合之种类

各国立法例关于数罪竞合的种类，有不加区分仅概括规定，和就实体竞合及想象竞合分别规定两种：前者像法国刑诉、奥国、丹麦、挪威及瑞士数州刑法等都是；后者如西班牙、葡萄牙、意大利、比利时、卢森堡、荷兰、德国、匈牙利、芬兰、瑞典、保加利亚、纽约州、印度、日本、暹罗和我国等刑法。不过在实体竞合中，还有独立竞合、连续竞合和普通竞合三类，有的刑法仅规定一种，有的兼采两种，兹分别说明如下：

（一）独立竞合　譬如德国刑法第七十四条规定以多数独立之行为，犯多数罪或者多次犯同一之罪，为竞合罪。意大利新刑法第八十一条第一项规定"以一个行为或不行为犯数个法律规定之罪，或对于同一规定犯数次者，依本节以上各条处罚之"。此外像荷兰、芬兰、瑞典及暹罗等都有类似的规定，我国还没这种规定，而归并于普通竞合。

（二）连续竞合　像意大利新刑法第八十一条第二项规定"基于同一之犯罪意思，以数个行为或不行为，对于同一罪犯数次者，不问同时与否，亦不问其情节之轻重，以上各条规定，均不适用"。苏俄刑法第四十九条后段，"连续犯数罪而尚未判决时"，还有西班牙、荷兰、芬兰、瑞典、瑞士数州、日本及我国等刑法都有连续犯的规定。

（三）普通竞合　如日本刑法第四十五条规定，"于裁判确定前犯数个之罪，为竞合犯"。意大利新刑法第七十一条"在同一判决或同一命令上宣告一人犯数罪之处罚时，适用下列各条之规定"。其他像西班牙、葡萄牙、瑞士数州、卢森堡、比利时、匈牙利、保加利亚、暹罗及吾国是这样规定的。

第三节　竞合罪之科刑

关于科刑的方法，在学理上虽只有四种不同的主张，可是各国立法例除挪威及苏俄外，仅用单一制度的，实不多见，普通都是兼用几种制度，所以情形极为复杂，以下为便于说明起见，分为竞合罪科刑之各主义和各国所采用的制度二目说明之。

第一目　竞合罪科刑之各主义

在学理上竞合罪科刑之方法，有四种主义：一是吸收主义，就是"大并小"的原理，认为轻刑被重刑所吸收，只要执行最重的刑罚，轻的刑罚自然已在其中，这种主张在实用上，颇形便利，不过未免近于鼓励曾犯重罪的再犯轻微的罪，因为结果对于犯罪的刑罚是相等的。二是并科主义，这是根据刑法上"一罪一刑"的原则，认为数罪竞合的刑罚，就是各罪刑罚之总和，这在理论上固然适当，但是事实上或者有所窒碍，甚或没有并科的必需，所以这派学者，复有三种主张，即（1）并科之后再略就总和减轻，（2）并科中设一最高限度,(3)没限制的并科三种,没限制并科的弊病,已如上述,设一个相当的限度或者略加减轻的方法,也还是不能完全去其流弊。三是综括主义,即在法律上预先规定竞合罪刑之最高度和最低度,任法官斟酌科罚。四是加重主义,即就数罪中最重之刑,再行加重,以为竞合罪之刑。

第二目　各国所采用的制度

上目所述数主义各有得失,单独适用似均不无流弊,合并适用,则可兼其善,所以目前各国除挪威仅采用综括主义、苏俄采吸收主义(第四十九条)外,都同时兼采数主义。譬如(一)兼采无限制并科和吸收主义的国家,有(1)法国刑事诉讼法第三百六十五条第二项规定,"数重罪或数轻罪竞合时,从一重处断",法文既限于重罪和轻罪采用吸收主义,那么违警罪自然不在其内,而法国刑法第四百七十五条第二项更明白规定违警罪适用无限制并科制,若是一人而犯重罪、轻罪及违警罪,刑法及刑诉虽明文规定,但据1908年10月31日判例对重罪和轻罪仍采吸收主义和违警罪合并执行。(2)芬兰刑法第七十九条规定苦役以上的刑罚,适用吸收主义,苦役以下的则合并科刑。(二)兼采有限制并科、限制加重及吸收三主义的国家,有(1)比利时刑法第六十一条"一重罪及数轻罪或数违警罪,从重罪刑处断",是为吸收主义,同法第六十条"犯数轻罪者并科之,但不得超过最重刑之一倍"(限制并科制),又同法第六十二条规定,"数重罪之竞合得从一重处断而加重之"(限制加重制)。(2)西班牙刑法第八十八条至第一百〇三条亦有同样的规定。(三)兼采无限制并科就宣告刑限制加重和吸收三主义的国家,如日本刑法第四十六条规定"竞合罪中之一罪,当处死刑或处无期惩役或禁锢者除吸收外均不得科以他刑",同法第四十八条,"罚金与其他之刑并科之,二个以上之罚金于各罚金之合算额以下处断之",又同法第五十三条规定拘留或科料与他刑并科之,二个以上之拘留或科料均并科之。

此外对于想象竞合,各国立法例都一致从一重处断,譬如意大利刑法第七十八条,德国刑法第七十三条,比利时刑法第六十五条,匈牙利刑法第九十五条,荷兰刑法第五十五条,以及我国新刑法第五十五条等,这些都是"一行为构成一罪"原则的结果。

第八章 刑之酌科

各国立法例对于科刑有所谓概括主义和列举主义。采用概括主义的国家乃鉴于犯罪事实随社会而变化,不是立法者所能逆料的,刑法不如仅概括规定,而以刑之酌科的权柄,付诸法官,使刑罚和犯罪能够吻合,这样,刑罚的限度和犯罪构成的要件,都必定宽大(或竟无限度),法官裁量权就因之极大,虽学者间有非议这种制度的人,认为有返回十八世纪以前刑法擅断时代的弊病,其实十八世纪法官之流于擅断,是因为君权之扩张,科学之未发达,及法官之无良好训练,那时的情形,既已成为历史上的陈迹,似乎没有顾及的必要,如今我们不求刑之人格化则已,否则就不能"因噎废食",因人病制。至于现时采用这种制度的国家,那还可以分做两种,一是刑有低度的限制,二是毫无限制。前者例如德国刑法第八十一条第一项规定,犯内乱罪处无期惩役,而第二项又规定其情轻者,处五年以上有期徒刑。所谓情轻,法律既无明文解释,法官自然可以自由认定,换句话说,任何内乱罪都可以处以五年有期徒刑[1]。再例如挪威刑法的规定,无论哪种犯罪,法官若认为可以减轻,都可以减至二十一日的拘留或者三"哥纶"(Kroner,挪威币名)的罚金[2],这样较之德国法官的权限还要大些。至于后者像荷兰就

---

① 见 Liszt, Lehrbuch des Deutschen Strafrechts, T. Ⅰ. §.70。

② 可参看 La législation pénale comparée, publiée par l'Union internationale de droit pénal, 1er vol. pp. 494—510。

是毫无限制的国家,法官对于任何犯罪,径可判处一日之监禁或者半"复罗郎"(Florin,荷兰币名)的罚金。①

采用列举主义的,是以为非适用罪刑法定的原则,就不足以避免法官的擅断,故刑法不特要预先规定犯罪构成的情节,而刑的轻重,也不能不一一确定。目前可以代表这种制度的国家,恐怕要以法国为最。我们不妨举个例来看,譬如恐吓罪,该刑法是规定在第三百〇五条,"以匿名或具名之函件声明,欲以刺杀、毒杀以及其他能危及生命之行为,对付,而令人交付财物或履行其他条件者,处二年以上五年以下之徒刑及一百五十法郎以上一千法郎以下之罚金",同法第三百〇六条规定,"此种胁迫其不附带条件者,处一年以上三年以下之徒刑,一百法郎以上六百法郎以下之罚金",而第三百〇七条又规定,"口头要求履行禁条件,而加人以胁迫者,处六月以上二年以下之徒刑,及二十五法郎以上三百法郎以下之罚金",接着第三百〇八条更规定,"以书信或口头之胁迫而不利用第三百〇五条所列举之手段要求他人履行某项条件者,处六日以上三月以下之徒刑,及十六法郎以上一百法郎以下之罚金",这样条分缕析,手段和刑罚均一一规定,法官实几乎变为宣读条文的机器了。

不过要想科刑得当,也真不是件容易的事,甚至可以说除了经验素丰的法官,总难免有失轻失重的弊病,所以各国最近刑事立法,多设专条,胪举科刑时所应审酌的事件,作为法官酌量的准绳,譬如瑞士刑草第四十七条,就规定法官于科刑时,须审酌下列事项。

(一)犯人之犯意。

(二)犯罪之动机。

---

① 可参看前书第345—450页。

(三)犯人以前之品行。

(四)犯人地位之关系。

此外若西班牙刑法第九条及第十条,日本刑法改正草案第四十八条及第四十九条的规定,尤其详尽,不过犯罪之实害一项,均规定作为酌量的一种标准,和我国刑法第五十七条第九项如出一辙,似乎是立法者不能完全脱离旧思想的客观主义的明证,而待将来的努力。

第九章 缓刑

第一节 缓刑制之演进

刑法上所谓缓刑,不用说,是调和刑之人格化和"有罪必罚"原则之一种刑事政策,因为就刑法方面说,凡是犯罪,都要受社会的制裁,才足以显示法律的威严公正,但是有时征诸犯人个性,往往恶性不大,执行刑罚,不特不能促其改善,反而足以塞其自新之路,尤其是短期自由刑,改善既嫌不足,犯罪性的传染,则确乎有余,这种法理与事实极度矛盾的补救方法,就只有缓刑。

就历史观察,中世纪意大利法学家 Bartole(1314—1357)的书籍,就曾论述过缓刑的制度,不过现在多不可考①,此后 1893 年 2 月间《国际刑法联合会月刊》上面曾登载匈牙利在 1712 年与 1713 年间有类似的判例②,然而也不是个固定的制度,所以近世法学家认为最初适用缓刑制度的,还要算北美波斯多州(Boston)1870 年

---

① 见 Garraud, Traité théorie et pratique de droit pénal français, T. Ⅲ, p. 426 note 6。
② 见 Bulletin de l'union internationale de droit pénal, février 1893, p. 66。

的缓刑法。该法初专适用于少年犯罪者①，范围既窄，功效自然也不大，约十年才由马萨诸塞州采用，推行及于一般犯人，成绩就很可观，而为各国学者所注意，列为1885年罗马国际刑罚学会议之议题。继在圣彼得堡国际刑罚会议做长时间之讨论，惜当时会议主席团之一Pools氏（系荷兰Utrecht大学教授）提出反对，只通过违警罪可以适用缓刑，到1889年8月布鲁塞尔国际刑法会议始正式通过，作为一切犯罪行刑的制度。于是各国先后仿效，现时各国之没有采用这种制度的，几乎可以说是没有。兹略举各国采用这种制度的时期，就可以晓得其演进之速了。

新西兰岛在1886年颁布缓刑法。

英国在1887年8月7日颁布缓刑法。

比利时在1888年5月31日颁布缓刑及假释法。

加拿大在1889年7月1日颁布缓刑法。

法国在1891年3月26日颁布缓刑法。

卢森堡在1892年5月10日颁布缓刑法。

同年10月29日瑞士日内瓦邦颁布缓刑法。

葡萄牙在1893年7月6日颁布缓刑法。

意大利在1904年6月26日颁布缓刑法。

瑞典在1906年6月22日颁布缓刑法。

西班牙在1908年3月10日颁布缓刑法。

秘鲁在1922年9月5日颁布缓刑法。

---

① Boston州同年设立幼年犯人之监督处，作为执行缓刑的机关，由该州警察总监Savage氏担任这种职务，Savage氏平生热心从事于这种事业，使世人对于缓刑的效用能有信仰，所以在缓刑制发达史上，我们不能忘怀这位具有特殊功勋的人。

第九章　缓刑

此外，各新兴国家的法典或草案也大都采用缓刑制。

看了上记时期，我们可以知道缓刑制发生的经过和迅速，以下再比较说明各国缓刑制之内容。

第二节　缓刑权及其制度

就缓刑权言，各国立法例可以分为两种制度，一是操诸行政官吏，即所谓"行政制"；一是认为应属于司法的权限，即"司法制"。德国采用第一种制度，主张有罪必罚，是司法权行使不易的原则，社会若要补救短期自由刑的弊害，只有让诸国家元首利用特赦之权，加以赦免，故对于受刑罚宣告之人犯，法院犹豫其刑之执行，在犹豫期间内，若没事故发生，元首就以特赦免除刑之执行，这样无论在刑事政策上，或者行政权完整上，都能够兼顾，否则不特妨害元首特赦之权，更不足以自圆有罪必罚之说。至司法制还有"英美制"和"比法制"的不同，英美制（système anglo-américain, sursis à la condamnation）是对于有悛改希望的人犯，暂时不为刑的宣告，在一定期间内，观察犯人的行状，若是没有不良事由发生，就不复作有罪的判决[①]，所谓既不科刑，又无裁判，犯人自然是勇于迁善。但比法学者认为英国制于犯人违背缓刑条件，重新宣告罪刑时，难免有事过境迁、证据散失的弊病，故创"刑之犹豫执行制"（sursis à

[①] 其实英国普通法上早就认为法官有权命被告为品行改善之宣誓（以一定事件为限），无期延期其审判或刑罚之宣告，Probation of first offenders act 1887 更明白规定，除谋杀罪外，经人证明其品行善良及宣誓后，都能犹豫罪刑的宣告。

l'execution de lacondamnation）或者说是"比法制"（système belge et français），就是仍然为罪刑的判决，不过规定一犹豫时期，以确定刑之执行与否，现时各国采用这种制的比较多些，如卢森堡、瑞士、西班牙、葡萄牙、意大利、荷兰、挪威、奥大利、匈牙利、苏俄、保加利亚、希腊、埃及、日本①和我国等都是采用犹豫执行制。

以上三制，固然是互有得失，不过德制似无可取的地方，虽说是可免妨害元首特赦之权，然刑罚权本来就是属于法院的，若缓刑权操之行政官吏，那不也是妨害司法独立吗？且特赦制度原为万不得已时调和事实与法理才能利用的，似乎不应当滥用，而长行政干涉司法的风气，再若征诸我国目前情况，那就更不合宜。至于英比二制，自法理言，则英制较为完备，能竟缓刑制的功能，不过在社会组织不健全、司法设备欠完善的国家，则难免弊端百出，所以在我国还是以采用比制为较妥。

第三节　缓刑的条件

缓刑条件各国规定也不一致，像英美的制度是不加限制，而仅以某种罪为例外，均准适用缓刑，而日本（现行法第二十五条改正案），规定为三年以下，意大利、挪威和我国等规定犯二年以下有期徒刑之罪，才能适用缓刑，法国、比利时限制重罪不得享受缓刑之

---

① 日本现刑法第二十五条至第二十七条均规定采用刑之犹豫执行制，而刑法改正草案，则采用折中办法，在第七十五条规定犹豫执行制，在第八十一条规定犹豫宣告制。

利益。此外像苏俄刑法的规定,几乎就没任何限制,仅概括的规定无隔离之必要的犯罪者都可以缓刑。这可称各国中最宽而又最合理的制度。

关于犯罪前犯人之品行,现时各国刑法均列为缓刑条件之一,不过规定的方式有概括式和具体式的不同,所谓概括式,就是仅规定犯人平日品行善良,至于程度如何,那就任法官之斟酌,像挪威、丹麦以及英美等刑法,都是这样的。

所谓具体式,就是规定品行善良的意义,法官自然没有斟酌的余地,例如法国1891年法第一条,"犯徒刑及罚金以下之罪,本人以前绝未受普通法重罪或轻罪之宣告者,得宣告缓刑",以及比利时、我国等刑法,都有类似的规定。

罚金能否缓刑的问题,学者主张本有消极与积极之不同,主消极说者,谓缓刑制是补救短期自由刑的弊害,罚金刑自不在其列,至主积极说者,则谓缓刑非特能补救短期自由刑之弊,并且寓奖励悔改的意思,况罚金刑较自由刑还要轻些,自由刑可得缓刑的恩惠,则罚金刑更没有除外的道理。

目前立法例也分做这样两派,德日①采用消极说,而比利时、法国、卢森堡、挪威、丹麦、意大利、瑞士数州和我国都采用积极说。

此外,从刑中的褫夺公权能否缓刑的问题,立法例也有两派,(一)比国派认为从刑和主刑同时发生缓刑的效果,(二)法国派认为从刑不与主刑同时发生效力,若缓刑之宣告未经撤销,则于期满时发生效力,现时波兰采用法国派,日本采用比国派,我国刑法没

---

① 日本刑法改正案第七十五条规定五百元以下之罚金,也可适用缓刑。

有明文规定,解释上似乎以采用比制比较合宜些。

第四节　缓刑的期限

缓刑的期限,各国刑法约可分为下列三派:

(一)法定主义　就是由法律预定缓刑的期间,法官毫无酌量之权;譬如法国、丹麦定为五年,保加利亚、挪威及瑞典定为三年等。

(二)裁定主义　即刑法不规定期限,完全任法官之自由裁定,所以又叫做放任主义,现时采用这种制度的,仅美国一国。(英国在1887年以前也采用这个制度。)

(三)折中主义　就是由刑法规定一期间,再任法官于此期间内自由裁定,各国用这种主义的,又可分做两种:一种是刑法仅规定期间的最高度,如比利时的五年以下、英国的三年以下(见1907年《社会防卫法》),还有一种是刑法里兼规定最高度和最低度,葡萄牙、波兰、瑞士、我国(均为二年以上五年以下)、苏俄(一年以上十八年以下)和日本(一年以上五年以下,改正案对罚金缓刑之期间规定为六月以上二年以下)等。

以上三制,法定主义很明显的与缓刑的"刑之人格化"的本旨相反,因为缓刑的期限就是"威吓的试验期"(stage comminatoire),其价值是和刑罚相等,那就应该视犯人的性情而定期限的长短,才能与刑之人格化的主旨相吻合[①],这是法定主义极大的缺点,同时

---

① 可参看 Garraud 著前书第三卷第450页注10。

也就是裁定主义的长处,不过在法官人才尚未全备的国家,自然是以折中主义比较妥善些。

在缓刑期间内,英、美、法等国都设有"监视制度"(Probation officer),以便对于受缓刑宣告人加以监视,而能明晰其生活的改善,这种制度,对于缓刑的施行,具有极大的功效,惜乎我国目前还无此制。

第五节 缓刑的效果

缓刑宣告期满,而未经撤销,所发生的效果,各国现时法制,也可以分为下列两种:

(一)无效说 无效说是以为缓刑宣告,既未撤销,为奖励迁善计,以前宣告的刑罚,应该作为无效,而以未犯罪论。

(二)执行说 这种理论,是以为缓刑的意义,是缓其刑之执行,自然不能因为缓刑期满,而抹杀其已往犯罪的事实,所以以已执行论。

以上二说相较,自然要以无效说比较合理些,因为要犯人锐意自新,首先就要使他易于恢复社会上之信誉,而不留任何恶迹,否则社会以刑余之人待他,而他也难免走自暴自弃之途,所以现时多数国家,均采无效说,如比利时、法国、卢森堡、意大利、葡萄牙、埃及、保加利亚、日本和我国等,至于采用执行说的,就只有奥大利刑草而已。

第十章　假释

所谓假释,就是犯人在监未届满所宣告之刑期,而权令出狱,若在外经过刑期中,没有不良行状发生,即以执行完毕论。这种制度创行时,曾引起少数学者的反对,以为犯人改悔与否,实在不容易考察,虽说是暂时许其出狱,也难保其无弊端。其实,假释制的功用,不特在消极方面可以补救长期自由刑的弊害,试验犯人有无累犯的恶性,同时又可藉以测验科刑之是否得当,而积极方面更可以作为犯人在狱赏罚的工具,以促其改过迁善,所以无论就哪方面说,假释制总是利多害少,而为刑事上一种极其重要的制度。

最初采用假释制度的地方,要算法国的 petite Roquette 监狱,不过当时仅实施于幼年犯罪者,所以不大为人注意①。后来经 Guigot 等的提倡,才在 1832 年制定单行法,规定全国十六岁以下的囚犯,都可以实施假释。而同时英国学者"马康奴志(Maconochie)在离澳洲大陆八百海里外的劳萍岛(Norfolk Island)创立'释放票'(Ticket of Leave),把行为优良的犯人,在相监视之下,恢复其自由,这便是英国释放票的来源,也就是英国假释制度的开始时期……到了 1854 年以后,高鲁顿(Crofton)在爱尔兰把英国的释放票制度,大加

---

① 见 P. Cuche, Traité de science et de législation pénitentiaires, p. 277。

修改与创设,结果就造成了一个很完备的假释制度,今日的英国假释制,就是根据这种爱尔兰制度的结果",①而推行及于一般的囚犯,所以世人每称假释制度是由英国所始创的。此后各国先后仿行,推广之速,几乎是与缓刑制相等,现在先把各国采用假释制的时期,略举于下,以后再进而比较述之。

英国 在1814年首先对一般囚犯实行假释制,1877年曾加以修正,即为现行法。

德国 索逊(Saxe)邦于1862年继续采用,联邦政府以1871年刑法(第二百五十三条)推行及于全国。

塞尔维亚 1869年5月22日颁布假释法。

瑞士 Neuchàtel邦在1870年,Lucerne邦在1871年,Tesin邦在1872年,Zurich邦在1873年,Unterwaldem邦在1878年采用假释制。

墨西哥 1872年法采用此制。

日本 最初在1872年由监狱规则第八条采用假释制,刑法编纂时又加以规定(第二十八条至第三十条)。

丹麦 规定于1873年2月13日之单行法。

美国 自1877年感化院成立以后,就采用假释制度,渐次推行于各州。

匈牙利 于1878年采用假释制。

荷兰 1881年刑法第十五条以下规定假释制。

法国 于1885年以单行法推行及于一般人犯。

---

① 见苏克友作《假释的研究》,载《法律评论》第十卷第五十期。

奥大利　于1886年采用本制。

意大利　1890年刑法第十六条以下采用假释制。

葡萄牙　1893年7月28日监狱规则第八条以下,规定假释制。

现在各国假释制度的规定,相同的地方很多,譬如认为假释是附条件之一种恩惠,而不是权利,这种恩惠只能够犯人本人享受,对于其他共犯,毫无影响,以及认假释为执行刑罚的一种方法,而不是免除刑罚等都是。至于互异的地方,那就更多,归纳起来说,则有(一)假释的机关,(二)自由刑的种类,(三)已受执行期间的长短,(四)悛改实据的规定,(五)假释许可的取消等项,兹分别言之。

(一)假释的机关

假释的声请各国大概都由监狱官担任,但是许可的机关,各国规定则不相同,有的认为是元首的职权,譬如瑞典、英国及芬兰等;有的归司法部许可,如德国、荷兰、意大利和我国等;还有的是属于内务部或行政官厅的职权,如法国、日本等。这种权限的归属问题,是随着各国政治组织和监狱组织的不同,而互异,自然没有强同的必要,不过就纯粹的法理言,假释是行刑的一种方法,总以属于司法部比较合宜些。

(二)自由刑之种类

假释的制度,本来就是专为自由刑而设的,其他像生命刑、财产刑、名誉刑等之不得适用,自无待论。不过征诸假释制度的本意,又为补救长期自由刑的弊害,则无期徒刑和短期自由刑是否可以适用?所谓长期又有无明白的限制?关于这些问题,各国规定,真是极其繁杂,有的规定仅限于特种自由刑,才能适用的,譬如英国限于惩役刑;有的规定某种罪的自由刑,不得适用假释的,如(1)塞尔维亚规定犯渎职罪,僧侣犯宗教罪,(2)巨克斯拉夫规定基于贪欲之罪和放火罪,(3)匈牙利规定财产罪和放火罪,意大利规定渎职罪、财产罪、杀伤罪等。有的限制处无期自由刑不许假释,如德国①、法国②、意大利③、丹麦④等。反之,得适用于无期自由刑的国家,也有匈牙利、波兰、挪威、奥大利、英国、日本以及我国等。至于规定不适用于短期囚犯的国家,那就真不少,如丹麦、法国、美国、葡萄牙、德国、奥大利、塞尔维亚、英国、荷兰、墨西哥、保加利亚、比利时等,而准许短期囚人亦得适用假释的,那就只有巨克斯拉夫、苏俄和日本⑤而已。以上各种限制,虽都有相当之理由,不过就假释制在于促犯人悛改的意义观察,则所谓某种的罪犯,无期的囚人或受短期自由刑执行的人,又何尝没有悛改的可能,法律又何对于此等囚排斥于假释制之外,于情于理,均非所宜,而且事实上,若犯人已经悛改,还要使他完毕刑期,才能出狱,则无论对于社会或者个人的利益,都不免两败俱伤,那又何尝是设立假释制的本意呢?

---

① 德国刑法第二十三条规定长期刑经过刑期四分之三,短期刑执行在一年以上者,得请求假释,而不举无期徒刑,假释上自不得适用。
② 法国1885年法第十四条规定,本法不适用于无期自由刑。
③ 见 La législation pénale comparée, publiée par l'Union internationale de droit pénal, Ier Vol. p. 121。
④ 丹麦刑法规定七年囚经过六年,八年囚经过六年八月等文字,不举无期徒刑,自不得适用。
⑤ 日本有期惩役或禁锢非经过刑期三分之一之后,不许假释,而有期惩役或禁锢之最短期为一月,故不满十日之惩役或禁锢,就无适用假释之余地,但关于拘留,日本刑法第三十条,无受刑期间之限制,可算得假释制度适用最广的地方。

(三) 已受执行期间之长短

我国刑法第七十七条末句有"但有期徒刑之执行,未满一年者,不在此限"的规定,这就是说犯人在狱内至少必须经过一定时期,以便观察其是否悛改。这类的规定,各国立法例有"有限制制"和"无限制制"两种,前者又可分为明定年限制、比例制和混合制三种,采用明定年限制的,譬如丹麦、巴西规定七年以上之惩役囚,经过六年,八年囚经过六年八月,十年囚经过八年,十二年囚经过九年,十六年囚经过十年八月;塞尔维亚规定惩役囚经过二年,禁锢囚经过一年等。采用比例制(即规定曾受其刑执行之几分之几)的国家,如墨西哥规定监禁及感化院之囚犯经过刑期二分之一;巨克斯拉夫规定初犯经过二分之一,累犯经过四分之三;葡萄牙规定经过三分之二等。至于采用混合制的,是一方明定执行之期间,他方又规定几分之几,譬如说法国规定刑期未满六月之囚犯,要经过三月以上之执行,其他囚犯,须经过刑期二分之一以后;德国规定刑期经过四分之三者,得请求假释,但执行期间最少须在一年以上;此外,如匈牙利、奥大利、荷兰、意大利、英国、日本,以及我国等,都有类似的规定。后者则除日本之对违警罪外,就只有苏俄了。我们比较这两种制度来说,前者是以为犯罪若未在狱经过相当的执行时间,就不容易定其果有悛改实据与否;而后者则以感化在其管理之良否,不在于时间之长短。所以严格地说,这要看监狱人才如何以为断,换句话说,就缺乏监狱人才的国家,采用第一种制度,可减少监狱人员的舞弊,反之,无限制,才可以竟假释之全功。

(四) 悛改实据之规定

适用假释必须囚犯有悛改的行状,这点各国在文字上虽有品行良善或悛改状况用语的不同,然其意义则实一致,不过还有从消极方面加以规定的,譬如累犯及曾经取消假释之囚犯,不得适用假释等,在我国虽没规定,而匈牙利、意大利及巨克斯拉夫等国刑法,就规定累犯不得假释,墨西哥、荷兰等刑法规定曾经取消假释之囚犯,不适用之,塞尔维亚刑法更规定这两种条件,囚人有一种,均不得享受假释的恩惠,为的是这都是犯人所悛改的反证。

(五)假释许可之取消

各国对于取消假释处分的条件,有的在法律上加以列举的规定。如日本刑法第二十九条第一项,"下记场合,得取消假出狱之处分,(一)假出狱中更犯罪被处罚金以上之刑者,(二)就假出狱前,所犯之他罪,被处罚金以上之刑者,(三)违背假出狱取缔规则者"。此外像匈牙利刑法第五十条,意大利刑法第十七条,以及我国刑法第七十八条等,都有类似的规定。有的国家仅设概括的规定,譬如法国1885年假释法第二条第三项规定,"不断且公然行状不良,已确实证明者,或违背假释许可状所明揭特别条件者,得取消假释"。至于与法国制度相同的,那还有英国、塞尔维亚、德国、墨西哥及荷兰等。

这种条件之有效期间(即假释期间),各国规定,也不一致,多数虽规定以其执行所余的刑期做假释期间,可是也有恐其所余的刑期太长,而倒设一个限制的。如巴西规定最长不得逾二年,意大利不得逾三年,埃及不得逾五年等。还有的恐怕所余的刑期太短,而设立个最低限度的,如比利时规定最短为二年,累犯为五年,挪威规定为三年等。

第十一章 时效

因时间的经过，丧失权利或者取得权利的制度，叫做时效，法律上有民法上的时效和刑法上的时效两种，前者是因之取得权利或丧失权利，后者是因之产生消灭刑事追诉权或刑罚执行权的结果，这两者的结果，虽属不同，而其成立的条件，则一致是在于时间。

从历史方面看，时效制的产生很早，在罗马"儒里亚法"(Loi Julia)①就已经规定奸非罪(delicta carnalia)的时效是五年，不过当时所谓时效，是仅指刑事追诉权而言，这就是说在五年内，不起诉者，以后就没有追诉权，后来法国古代法除承袭罗马法的诉追时效制度，规定重罪二十八年、轻罪五年、违警罪一年外，还创设了一种普遍的规定，即一切犯罪判决后，三十年以内不执行刑罚者，犯人就取得时效，这可以说是行刑时效的嚆矢，同时也就是时效制度整个确立的时期②。

至于时效制度理论上的根据，学者解释极不一致，而有所谓神意宥恕、犯人悛悔、证据湮灭、刑罚代替、矛盾调和以及刑罚权消灭

---

① Loi Julia 在年代上考察，约在纪元前十八年或十七年之间（见 Ferrini Diritto pénale romano, pp. 345—346）。

② 见 Garraud, Traité théorique et pratique de droit pénal français L. II p. 546。

等六说。除神意宥恕说迹近荒谬外,其余的几种解释,都能言之成理,而其赞成这制的存在又属一致的态度,所以此地倒无容一一加以检讨。不过意大利犯罪学家加洛法罗(Garofalo)氏以为时效制度若不设法限制,则反为保护社会罪人的工具,譬如某诈欺取财者,约五年后再行诈术,虽发觉五年前曾犯诈欺罪,而这次所犯诈欺罪,又没证据的话,依时效制,就没法处罚,这还是法律保障社会的本意吗?① 所以他反对时效制,他以为最少要加以限制,这种见解,就社会方面说,实在值得注意,现时苏俄、英国、加拿大、加利福利亚州等刑法都承认诉追时效的存在,而不规定行刑时效,或许就是加氏学说的影响吧!

同时采用公诉时效和行刑时效的国家,有全部规定在刑诉法的,有将公诉时效规定在刑诉法、行刑时效规定在刑法的,也有将两者都规定在刑法的。

采第一种编制法的,如法国、埃及、土耳其等。

采第二种编制法的,如比利时、日本等。

采第三种编制法的,如丹麦、德国、西班牙、匈牙利、墨西哥、巴罗马、葡萄牙、荷兰、意大利、芬兰、挪威、暹罗和我国等。

采用第一种编制法的理由,是以为公诉的提起和实行,以及刑的执行,都不外是诉讼关系和裁判执行的一种,自然要以规定在刑诉法中比较得当些。在采用第二种编制法的,就以为公诉的提起和实行,是属于诉讼关系,应当规定在刑事诉讼法里,但是行刑时效是刑法处罚犯罪的刑罚,因时间经过而不执行,不啻是限制法

---

① 见 Garofalo, La criminologie, pp. 398—400。

定罪刑效力的一种规定,自然应该在刑法里规定。至于采用第三种编制法的,以为公诉时效也是因为时间的经过,以致不能为犯罪的证明和刑罚适用的请求,与行刑时效同属于法定罪刑主义的限制,所以应当在刑法典中一并加以规定。这三种主张,见仁见智,固各不同,似均不可厚非,不过若以为时效制理论的基础,是刑罚权消灭的话,那还是以第三种编制法,算得是理论上一贯的规定。

时效期间之长短,各国法律约可分为下列二派:

(一)不论诉追时效、行刑时效,都依重罪、轻罪、违警罪做标准,如法国刑事诉讼法(第六百三十七、六百三十八、六百四十八条)规定,诉追时效重罪十年,轻罪三年,违警罪一年,行刑时效重罪二十年,轻罪五年,违警罪二年,以及比利时、葡萄牙、埃及等国都是一样的,这是刑法上犯罪三分制的结果,我国自然没有此制。

(二)依刑的轻重而分时效期限制,这种制度,公诉时效最多的有分为七项的,如挪威、塞尔维亚等,最少的分为两项,如丹麦、瑞典等,其中像瑞士草案分为无期徒刑以下之罪、十年徒刑以上之罪、五年徒刑以上之罪、五年徒刑以下之罪、禁锢一年以上之罪,和其他刑之罪等六项,以及德国的分为六项①,荷兰的四项,英国的四项,②我国的五项(新刑法第八十条),至于仅规定一项的,就只英

---

① 即无期徒刑以上之罪、十年徒刑以上之罪、其他重罪之轻刑罪(以上系重罪)、一年徒刑以上之罪、其他轻刑之罪(以上系轻罪),和违警罪六项。
② 荷兰分为违警罪、三年徒刑以下之罪、三年徒刑以上之罪、无期禁锢之犯罪四项,英国普通法亦分为反判隐匿罪(Misprision of treason)、扰乱治安罪(riot)、性之犯罪、违警罪四项。

国，那可以说是例外。行刑时效最多的分作八项，像我国暂行律第七十四条的规定，就是个例子，最少的分作三项，如荷兰刑法第七十六条、暹罗刑法第七十九条等，也有折中分作五项的，如日本刑法改正案第九十四条、我国新刑法第八十四条等。至追诉权的最长期间，则介乎三十年至十年之间，但也有两个例外，一是英国的判例超出最长期间的三十年①，二是美国规定为三年，竟超过了最低的限度，不过多数均为二十年及十八年，如我国刑法第八十条及荷兰刑法第七十条，即其一例，最短期间是介乎五年至三月之间，而多数则为一年，如暹罗刑法是。行刑时效的期间各国规定均较公诉时效为长，有达三十年以上的，最短期也在十年至六月之间，多数则为二年。

起诉时效的起算期各国法制也有三种：

（一）以犯罪行为开始时做起算期，如瑞士刑法草案第五十九条是。

（二）以犯罪行为完毕之日起算的，像德国刑法第六十七条第四项及吾国暂行律第六十九条第二项是。

（三）以犯罪行为成立时作为起算点的，如法国及我国等。

以上三派，第一说以刑法是为着预防犯罪而设的，犯罪行为开始时，刑罚权即随之产生，时效的刑罚权消灭的起算期，自然应始于行为开始时，这种制度在理论上似乎是言之成理，不过事实上犯罪行为往往有数月之久的，若是从行为开始起算，就恐怕犯罪尚未

---

① 英国普通是以三十年为最长期，可是在1759年关于William Horne 谋杀案经过三十五年法院仍受理。（见 Annual Register, II 368; Gentleman's Magazine de 1759. pp. 604, 627）

完毕,而时效就已进行。第二说在结果犯与第一说同样难免时效先刑罚权的发生而进行的弊病,在刑事政策上实在是一种大缺点,所以我国仿法国的例子采用第三说。

公诉时效进行中,有时因为其他事故发生,而停止时效进行的现象,我国刑法第八十三条就是这类的规定,这种制度各国立法约有两种之不同,一种将时效中断并入时效停止,使时效易于成立,譬如智利、挪威和我国刑法是。另一种是把停止和中断的原因分别规定,时效的期限因是可延长很多,如比利时、意大利、墨西哥、西班牙、法国等,都是这一类的。这两种制度,前者时效易于完成,对于社会秩序也就易于保持,后者能够完成时效中断的理论,各有得失,自然没有强同的必要。

行刑时效的中断,我国刑法也没规定,至各国法制则尚有两种的不同:(一)犯人被捕时才算是时效中断,像比利时、日本等,就是这样规定的。(二)凡是有执行行为(如发捕状)就不问犯人事实上被捕与否都是行刑时效中断的原因,譬如德国刑法第六十九条的规定,就是个例子。这两种立法例,就第一派言,必待犯人事实上被捕,才能中断时效,若是一时逃亡,而时期满后,再被逮捕,也竟无法处罚,难免有奖恶之议。就第二派说,以执行行为做时效中断的原因,若是不断发捕状,则时效终结没有完成的机会,这或许就是我新刑法采用中断并入时效停止制的原因吧!

此外,各国法例中还有二制度,是我国所未采用的:(一)刑期已受一部分的执行,而犯人脱逃者,此时就缩短新时效的期限,如挪威刑法第七十三条规定新时效的期间依未受执行的刑期计算,比利时刑法第九十五条及墨西哥刑法第二百九十六条也都有同样的规定。(二)行刑时效虽经过一部分,而没达到成立的时期,犯人才被缉获,应减轻其刑,例如智利、墨西哥及瑞士数州刑法规定"受死刑之宣告,若逾三年或五年而未执行者,不执行其死刑而减轻为无期自由刑"等是。

新旧译名对照表

	旧译名	新译名	页
A			
Albanie	亚拉伯	阿拉伯	64
André	安德锐	安德烈/安德尔	100
Argentine	亚尔常丁	阿根廷	144
Athènes	亚推雷	雅典	31
Autriche	奥大利	奥地利	46、57、61、80、83、91、97、103、199、202、203、204
B			
Bachofen	巴可芬	巴霍芬/巴赫芬	8
Basnage	巴斯拉施	巴斯奈奇	18
Baviere	白非耶	巴伐利亚	63
Bececria	俾加利亚/白克加利亚	贝卡里亚	44、135、148
Boissonade	波圭松拉德	保阿索那特	67
Bolivie	玻利菲亚	玻利维亚	69、87
Bologne	波罗雷	波伦亚/博洛尼亚	3
C			
Carrara	加拿拿/加拉拉	卡拉拉	62、134

Céciron	山西龙	西塞罗	14
Cécrops	虽克洛	梭伦	31
Charls Lucas	柳加	查理·卢卡斯	149
Costa-Rica	高士特尼加/哥斯德锐加	哥斯达黎加	71、144
Croatie	克罗提	克罗地亚	61
Crofton	高鲁顿	克罗夫顿	200
Cuche	诸施	居什	152

D

David	道非	达维德	23
Dracon	达瓦公	德拉古	31

E

E. Picard	披卡尔	皮卡尔	6
Ecuador	亚哥多尔	厄瓜多尔	144
Equateur	厄哥多尔	厄瓜多尔	70、92
Estonie	爱斯多利亚	爱沙尼亚	58

F

Ferri	费利	菲利	47、62、63、66、76、115、175、182

G

Garraud	加洛/加罗	加霍	11、41、55、130、149、150、151
Guatemala	哥推马那/加德马拉	危地马拉	70、144

Geny	单利	惹尼	78
Grotius	格洛梭斯	格劳秀斯	112
Grofton	高鲁顿	克罗夫顿/克罗福顿	200

H

Haus	焗斯	豪斯	145
Hebreux	西伯来	希伯来	14、17

I

Islande	爱斯印德	爱尔兰	57

J

J. Austin	奥斯丁	奥斯汀	50
Jhering	耶林格	耶林	4、12
Johe Howord	何华尔	约翰·霍华德	160

K

Kamel	楷磨尔	穆斯塔法·凯末尔	64
Kenny	克利	肯尼	128
Kohler	郭拉	柯勒	8

L

Lambert	兰伯尔	兰伯特/朗贝尔	7
Lettonie	雷多利亚	拉脱维亚	58
Lithuanie	立陶琬	立陶宛	58
Livingston	李方斯同	利文斯顿	151
Lombroso	郎卜鲁梭/ 郎卜罗梭	龙勃罗梭	6、47、62、152

Lucas	柳加	卢卡斯	149

M

Maconochie	马康奴志	麦克诺基/麦克诺奇	200
Manou	玛露	摩奴	24
Mancini	曼西理	曼西尼/曼奇尼	62
Miricka	米锐加	米利克	62
Mommsen	蒙孙	蒙森	126

N

Nypels	尼卜尔	尼培斯	145

O

Ortolan	奥多郎	奥尔托朗/奥尔托兰	180

P

Paulien	波利洋	波利安	12

R

Radulesco	亚推雷斯哥	勒杜（拉德）列斯库	175
Rappaport	亚柏波尔	雷帕波特/拉帕波特	175
Rocco	洛哥	洛克/罗柯	169
Roquin	洛甘	罗肯	7

S

Saint-Marin	圣玛郎	圣马力诺	71
Saleilles	沙雷意	萨莱伊/萨莱耶	47

Savigny	沙威稷	萨维尼	4
Schiller	雪雷尔	席勒	57
Siam	暹罗	泰国	69、79、80、92、99、104、105、108、110、135、148、182、186、207、209
Stephen	史蒂芬/斯梯芬	斯蒂芬	51、79
Stooss	斯托司	斯托斯、司托斯	139

T

Tarde	达尔特/达尔德	塔尔德	6、11
Tchécoslovaquie	捷克斯拉夫	捷克斯洛伐克	61、203、205
Thamar	他妈	塔玛	15
Thcnicsen	杜利生	塞涅森	21

V

Venezuela	费内除纳	委内瑞拉	145
Vézuéla	委内瑞辣	委内瑞拉	70

W

W. Blackstone	黑石	布莱克斯通	3、50

Y

Yougoslavie	巨克斯拉夫	南斯拉夫	61、203、205

许鹏飞先生学术年表[①]

孟红[*]

1909 年

生于江西九江,字易安,又名运矞。出身九江名门。

1927 年

时年 18 岁,负笈法国底雄(现译为第戎)大学攻读法学,获硕士学位。

1931 年—1936 年

时年 22 岁,回国,任上海政法大学教授,兼职做律师。1935 年任复旦大学教授,讲授监狱学课程。[②] 出版《犯罪学大纲》(商务印书馆 1934 年版)和《比较刑法纲要》(商务印书馆 1936 年版);1933 年至 1936 年分别撰文《刑事责任理论的检讨》(载《法学丛刊》第 2 卷第 2 期,1933 年)、《刑罚权之根据》(载《法学杂志》第 8 卷第 1 期,1933 年)、《美国之儿童法庭》(载《政法半月刊》第 1 卷第 2 期,1934年)、《犯罪本质的检讨》(载《复旦学报》第1期,1935年)、

---

[*] 孟红,东南大学法学院教授。

[①] 许鹏飞先生的生平资料来源于胡荣彬编著:《九江古今名人传》,1997 年 8 月;张德意、李洪编:《江西古今书目》,江西省新闻出版局资料室 1996 年编;龚平如编:《江西出版纪实》,1994 年;《商务印书馆图书目录(1897—1949)》,1981 年。

[②] 该资料来源于《三十年的复旦》(1905—1935)、《复旦大学志·第一卷》(1905—1949),复旦大学校史编写组编,1985 年。

《自然犯罪论》(载《法学丛刊》第4卷第7期,1936年)、《罗马尼亚刑草概述》(载《法学丛刊》第3卷)、《捷克斯拉夫刑草之特点》(载《法学杂志》第6卷第6期)、《论刑法修正案第二条"但书"之规定》(载《正论旬刊》第1卷第4期)、《正当防卫理论的分析》(载《法学评论》第585期)。翻译《刑法之恐慌及其将来》(La crise et l'avenir du droit penal par L. Rabinowig,载《法学丛刊》第3卷第8期)。

1937年

加入上海教育界战时服务团,并被推举与路式导一起筹备被难学生收容所。① 后回故乡江西任江西政治讲习所法律教授。

1939年—1945年

任江西省政府法制室主任,与王造时等著名"七君子"从事抗日救国活动,其参加的"中国青年党"的口号是外争国权、内争民权,极力主张参加爱国民主统一战线,热心民主运动。② 1940年5月出版由江西地方政治讲习所出版的《法律常识》("基本认识丛书"之一),76页,附有图表。1941年任教于国立中正大学任法律系主任,撰写《论着:刑法上的几个基本问题》(载《大路》第3—4期)。后因积极参与民主运动被解聘。③ 1942年春,许鹏飞与国立中正大学潘大逵等地方建设学派学者一起开办生教出版社,潘大逵任社长,又自办印刷厂,设"中国地方建设研究所",研究宣传地方建设主张,出版《生教丛刊》等。国立中正大学出版其著作《刑法

---

① 《上海史资料丛刊"八一三"抗战史料选编》,上海社会科学院历史研究所,1986年。
② 该资料来源于张执一编《抗战中的政党与派别》(1939年)。
③ 来自《抗日民族统一战线在西南》,中国人民政治协商会议西南地区文史资料协作会议(1990年)。

之理论及其应用》①。

1945年—1946年

赴重庆任中央设计局秘书长兼驿运管理局主任。

1946年—1947年

赴沈阳任东北行辕秘书厅厅长。

1948年

去台湾从事律师工作。

1949年

到香港,任清华书院法文、法学教授,并开始长期从事爱国统一战线工作,常著文于香港报刊。

1981年

10月因病逝世于香港。

---

① 该资料来源于江西师范大学校史编写组编写《江西师范大学校史》(2000年)。

在诠释与理论间求索
——许鹏飞先生的比较刑法学贡献

孟红*

一、许鹏飞先生的主要学术成果

许鹏飞,字易安,又名运薹。1909 年生于江西九江,1927 年负笈法国第戎大学攻读法学,获硕士学位。1931 年回国任上海政法大学教授,兼职做律师。1935 年任复旦大学教授,讲授监狱学课程。1937 年加入上海教育界战时服务团,并被推举与路式导一起筹备被难学生收容所。① 后回故乡江西任江西政治讲习所法律教授。1939 年至 1945 年任江西省政府法制室主任。② 其间,1941 年任教于国立中正大学任法律系主任,后因积极参与民主运动被解聘。③ 1942 年春,许鹏飞与国立中正大学潘大逵等地方建设学派学者一起开办生教出版社,自办印刷厂,设"中国地方建设研究所",研究宣传地方建设主张,出版《生教丛刊》等。④ 1945 年至

---

* 孟红,东南大学法学院教授。
① 《上海史资料丛刊"八一三"抗战史料选编》,上海社会科学院历史研究所,1986 年。
② 该资料来源于张执一编《抗战中的政党与派别》(1939 年)。
③ 来自《抗日民族统一战线在西南》,中国人民政治协商会议西南地区文史资料协作会议(1990 年)。
④ 该资料来源于江西师范大学校史编写组编写《江西师范大学校史》(2000 年)。

1946年赴重庆任中央设计局秘书长兼驿运管理局主任。1946年至1947年赴沈阳任东北行辕秘书厅厅长。1948年去台湾从事律师工作。1949年到香港,任清华书院法文、法学教授,并开始长期从事爱国统一战线工作,常著文于香港报刊。1981年10月因病逝世于香港。

就其经历和当时的学术影响而言,许鹏飞先生绝非学术大家,也非专职学者。其学术成果主要形成于1933年至1945年任教期间,①如《刑事责任理论的检讨》(载《法学丛刊》第2卷第2期,1933年)、《刑罚权之根据》(载《法学杂志》第8卷第1期,1933年)、《美国之儿童法庭》(载《政法半月刊》第1卷第2期,1934年)、《犯罪本质的检讨》(载《复旦学报》第1期,1935年)、《自然犯罪论》(载《法学丛刊》第4卷第7期,1936年)、《罗马尼亚刑草概述》(载《法学丛刊》第3卷)、《捷克斯拉夫刑草之特点》(载《法学杂志》第6卷第6期)、《论刑法修正案第二条"但书"之规定》(载《正论旬刊》第1卷第4期)、《正当防卫理论的分析》(载《法学评论》第585期)、《论着:刑法上的几个基本问题》(载《大路》第3—4期,1941年);翻译《刑法之恐慌及其将来》(La crise et l'avenir du droit penal par L. Rabinowig,载《法学丛刊》第3卷第8期);②出版《犯罪学大纲》(商务印书馆1934年版)、《比较刑法纲要》(商务印书馆1936年版)、《法律常识》("基本认识丛书"之一,1940年江西地方政治讲习所出版)和《刑法之理论及其应用》(1942—1944

---

① 后因从政,所见学术成果极少。从1949年至1981年去世,虽有材料表明其在香港任教期间常有文章载于报刊,但笔者未收集到,故而无法介绍评论。

② 该资料来源于《三十年的复旦》(1905—1935)、《复旦大学志·第一卷》(1905—1949),复旦大学校史编写组编,1985年。

年间国立中正大学出版)。①

由上述许鹏飞先生主要学术成果可见,他的研究集中于刑法学领域,涉及包括犯罪与刑事责任在内的刑法的基本理论、刑法的应用,以及比较刑法学等内容。他的比较刑法学研究成果不多,代表作是《比较刑法纲要》。

本书分绪论和总论两个部分。绪论五章:概说、各国刑法的系统、古代民族刑法概述、刑法之沿革、各国之现行刑法;总论十一章:法例、刑事责任、未遂罪、共犯、刑及保安处分、累犯、数罪竞合、刑之酌科、缓刑、假释、时效,与现代刑法学之总论体系大致相同。

许鹏飞先生从绪论起就展开了对各国各地区刑法的比较,系统叙述了古代世界各刑法系统如埃及、希伯来、印度、希腊和罗马的刑法的起源与发展,近代英美法系和大陆法系各国刑法典的编纂,并对49个国家的刑法进行了详略不一的介绍。在总论中,作者进一步对罪刑法定、刑法的效力、刑事责任、未遂罪、共犯、刑罚、保安处分、累犯、数罪竞合、缓刑、假释和时效等十多个专题作了比较研究,既有法律制度之比较,也有法学理论观点之比较。

由于民国刑法是在移植西方各国刑法、追随世界刑事立法潮流的基础上编纂的,因此,在解释民国刑法的各种著作和教材中,多少都会涉及一些外国刑法的内容。但是像《比较刑法纲要》这样集中地、专题性地比较论述各国刑法的著作,在民国时期非常少见。② 因此,有学者称本书开创了中国近代比较刑法学学科。③ 本

---

① 《上海史资料丛刊"八一三"抗战史料选编》,上海社会科学院历史研究所,1986年。
② 有学者研究基本确定清末民国时期共出版比较法著作40余种,其中,比较刑法类有5种。详见何勤华:"比较法在近代中国",载《法学研究》2006年第6期。
③ 参见何勤华:"比较法在近代中国",载《法学研究》2006年第6期。

著作篇幅虽然不长,但作为民国时期比较刑法学的代表作,无论是它提供的资料,还是提出的观点,对以后的比较刑法研究都具有重要的启蒙价值。

二、许鹏飞先生比较刑法学观点概览

如前所述,许鹏飞先生的比较刑法学贡献,主要体现在其代表性成果《比较刑法纲要》。兹以该著作为据,对其学术观点进行简要介绍。

(一) 基础刑法问题之比较研究

1. 罪刑法定

许鹏飞先生认为,所谓罪刑法定主义,就是一切犯罪构成的条件和刑罚的轻重,概由法律规定,凡是未经法律规定的行为,均不能认为是犯罪行为。罪刑法定自法国《人权宣言》明文规定后,成为各国刑法公认的基本原则。但是,由于20世纪30年代刑法理论从犯罪主义(行为主义)转向犯人主义(行为人主义),罪刑法定的地位在刑法中发生一定变化。各国立法例有两种不同类型:第一种是坚持罪刑法定主义,否定法官比附援引的权力。这类立法例又根据刑法明文规定该原则与否分为两种,一是在刑法典中明文规定的,世界上大部分国家刑法均采此种形式;二是认为罪刑法定是刑法当然之原则,且宪法中已有类似内容,故而不在刑法中加以规定,如日本、丹麦、挪威、瑞典等国刑法是也。第二种则否定罪刑法定主义,允许类推适用,这主要是苏俄 1926 年刑法的规定。

许鹏飞先生还对罪刑法定主义的作用地位进行了客观分析,认为,虽然大部分国家都采用罪刑法定主义,但是,不可认为罪刑法定就万无一失。因为法律规定如何,司法适用又如何,两者并不当然一致。而且,这个原则还会束缚法官使其成为宣告罪刑的工具,不能根据变化无穷的社会情况发挥刑法的功能。

2. 刑法的效力

许鹏飞先生从刑法关于时、地、人的效力三个方面对刑法效力问题进行比较阐述。

刑法关于时的效力的重点在于溯及力的应用,即行为时和行为后法律都认为某一行为有罪,新法生效于裁判确定之前,究竟用行为时旧法还是裁判时新法?各国立法例关于这个问题的规定有四种:从旧、从旧法但新法较轻者从轻、从新法但旧法较轻者从轻、从新。其中以采从轻主义为最多。许鹏飞先生对四种立法例之优劣进行比较分析,提倡"从新法但旧法较轻者从轻"主义。民国 28 年旧刑法和民国 35 年新刑法都舍弃《暂行新刑律》之从新主义,采此等主义,是借鉴了世界上大多数国家的立法例。

刑法关于地的效力的理论有属地主义、属人主义、自卫主义和世界主义之别,但各国立法大都认为单独采取任何一派理论都不合于实际适用,所以,兼采各种学说,以属地主义为原则,以其他主义为补充,规定刑法关于地之效力。此外,许鹏飞先生对"如何确定犯罪行为和结果全部或一部跨越国界之法律适用",以及"本国法院对同一行为已受外国法院判决是否予以认可"两个刑法适用问题进行比较和讨论。

刑法关于人的效力一般采"人人平等"原则,对于任何人的犯罪均发生同等效力。但是,由于国内法和国际法的关系,仍有两种例外。一是国内法的例外,主要是为了国家统治上的必要,在宪法上规定国家元首和国会议员执行职务时不受刑法支配。当然,各国具体规定仍有区别。二是国际法的例外,刑法的效力不及于享有治外法权的外国元首、使节、军队、军舰等。许鹏飞先生还对当时的我国因受条约约束,刑法效力不及于领事官及有领事裁判权之外国人,表示出痛心疾首之意。

至于刑法之效力是否及于法人,法人能否同自然人一样成为犯罪的主体?学者有拟制说和实在说两种不同的看法,相应地也有两种不同立法例。拟制说认为法人本不存在,作为法律拟制的人没有法律所允许的目的以外的意思能力和行为能力,自然没有犯罪能力,所以,不能负刑事责任。巴西、德国、法国和民国时期我国刑法均采该种观点。实在说认为法人与自然人一样是实际的存在,应当为自己的行为负刑事责任。如英国和瑞士、法国的一些特别法采此观点。许鹏飞认为"在目前社会经济状态日形发展,凡百事业莫不组织团体以期经营之宏大,法律对于这些集团的违法行为,若不加以刑事制裁,则难保此等集团不以一个人之牺牲,以博取大罪恶的代价"。从维护治安起见,应当规定法人的刑事责任。

(二) 犯罪论问题之比较研究

许鹏飞先生在《比较刑法纲要》中,以"刑事责任"为标题,对涉及责任主体、责任意思、违法及责任阻却事由等问题进行了比较分析。为与现在刑法学体系相应,故将上述内容与未遂罪、共犯一起合并为犯罪论问题对主要内容及观点进行介绍。

1. 责任能力

许鹏飞先生从责任年龄、心神丧失及耗弱、酗酒与喑哑四个方面，对责任能力进行比较分析。提出责任年龄的认定，无论遵从经典派的是非辨别说，还是实证派的刑罚适应性说，真正恰当很不容易，因为人类机能发育成熟期因地因人而异。比较各国法律制度，必须注意制度的外在条件。他还特别强调对于未成年人刑法干预的重要性。如果刑法对未成年人不加干预，不仅社会安宁得不到保障，就是未成年人本身也无法完善。所以，必须有完备的组织、充分的专门人才去斟酌教导。他批评民国刑法只有"得令入感化教育处所施以感化教育"之规定，却无特殊法庭、感化院或儿童教育所去研究实施感化教育，立法等于是官样文章。

心神丧失之人对于其行为没有是非善恶之辨别力，其行为或不行为也是心病推动，没有自主的能力，所以，各国都规定心神丧失之人为无刑事责任能力人。各国刑法之区别在于对"心神丧失"范围的界定，以及对确定为心神丧失人处置权之归属，是属于行政机关还是司法机关。许鹏飞先生比较三种不同做法后认为决定之权应属于司法机关，而实际应用上属于行政机关。

酗酒涉及两个问题，一是对于酗酒的预防问题，这是治本的社会政策问题；另一是醉酒后犯罪的责任问题，这是治标的刑事责任问题。预防酗酒最有利的政策是禁酒，但是从经济利益考虑，并没被采纳。有国家颁布酒醉治罪法限制饮酒量，来控制公共场所醉酒问题。至于醉酒者的刑事责任，各国多主张从严处断。有的国家规定对于酗酒应区分出于不得已和故意两种情形，确定相应刑事责任。但是，许鹏飞先生认为没有这种规定的必要。

至于喑哑，各国规定极不一致。许鹏飞赞赏法国的方式，不以明文规定为最妥。因为之所以考虑喑哑人的刑事责任问题,是因为他们生理上有缺陷,精神状态可能与常人有异。那么,可以直接适用精神状态的规定。至于何种原因致精神状态不能负刑事责任,并不是刑法关注的内容。如果以明文规定,那么导致精神状态不能负刑事责任的原因很多,是否要一一规定呢?

2. 责任条件

各国立法例一致以故意和过失作为构成刑事责任的条件。但是,各国关于故意的解释和过失行为的处罚范围有别。许鹏飞先生着重对于这些差异进行了比较研究。在故意的解释上,有认识主义和意欲主义两种。前者以故意为认识犯罪构成事实之全部,后者以故意为希望产生行为的结果的意思。由于认识说漫无限制,不易确定,故大多数国家采用意欲主义对故意加以解释,只不过规定的方式略有不同罢了。至于过失,由于是无故意行为之一种,各国为区别于故意和偶然事件,都以明文加以规定,且进一步区分为无认识过失和认识过失、普通过失和业务过失。对于过失行为,各国均以不罚为原则,处罚是例外,且处罚大都限于其行为能危及生命、身体、财产等重罪。

3. 责任阻却事由

刑事责任以故意或过失作为条件,无故意或过失则不罪刑。但是,有故意或过失也不当然有刑事责任,因为条件的产生受客观事实的束缚,如依法律之行为、奉长官命令之行为、正当业务之行为、正当防卫、紧急避难等。许鹏飞先生重点比较了紧急避难和正当防卫的学说和规定。

首先提倡紧急避难理论的是自然法学派的格劳秀斯,他认为自利是人类的天性,个人保护自己,是自然法所给予的权利,非人为法所可剥夺。在其之后，有康德和边沁主张的主观说和黑格尔主张的客观说，都是解释紧急避难行为不负刑事责任的理由。许鹏飞先生认为，人类在自己法益紧急的时候，既有作行为的必要，法律就无法干涉。因为干涉不仅无效，而且没有干涉的必要。他预测虽然当时各国对于紧急避难不负刑事责任的规定还有一些限制，但是将来"必要时无法律"则会普遍适用。

正当防卫的观念起源很早，近代以来各国在防卫权的范围、防卫目的物、防卫对象和防卫程度上的规定有所区别。有关学说主要有放任行为说(包括道德压制说、以恶易恶说、权利义务说等)和权利行为说(包括不法之无效说、社会契约说、刑罚权消灭说和法律与社会利益说等)。许鹏飞先生赞赏法律与社会利益说，认为正当防卫反击不正之侵害，保障自身之安全，是防卫行为的一种消极作用。同时，防卫之反击可以遏制犯罪，这是防卫行为的积极作用。共同说明防卫的正当性基础。

4. 犯罪特殊形态

未遂罪和共犯在刑法学中被作为犯罪特殊形态(因为刑法以犯罪既遂和单独犯为立法基础)。

许鹏飞先生从未遂之观念、未遂之种类、未遂之科刑几个方面对未遂问题进行了比较研究。指出各国刑法规定相同的地方在于必须有故意存在，不同的地方在于：一是间接故意未遂，有的主张有，有的主张无；二是对着手实行的解释，有的主张从主观上解释，有的主张从客观上解释，前者较宽，后者较严；三是未遂罪之范围，有的限于因意外原因没达到既遂，有的包括因犯人自己的意思终止行为；四是未遂之种类，有终了未遂和未了未遂；五是未遂罪之科刑，有比照既遂不减、必减和得减之分。除此之外，他还专门讨论了与未遂相关的不能犯和中止犯问题。认为着眼于犯意的主观说和着眼于犯罪构成事实所生之实害的客观说,或者以处罚恶意为出发点,或者以处罚犯罪结果为出发点,都有其学理上的基础,否定折中说。至于中止犯,他认为民国刑法对中止犯加以特别规定是适当的,但在处罚上,由于中止的情形千差万别,不能一概而论,主张不应如民国刑法那样规定得减其刑,而应由法官自由裁量。

关于共犯,许鹏飞先生重点着墨于各国共犯之制度。对二分制、三分制和独立制做了较为详尽的介绍和比较,总结归纳了以下四点:其一,各国正犯和从犯区分的标准多采客观说中之重要性说,其他学说并不多见;其二,教唆犯多半规定为正犯;其三,隐匿犯多半规定为从犯,很少如民国刑法那样被认为是独立犯;其四,应当注意挪威的独立制和英国的一等正犯、二等正犯制度。独立制以实证派之人格化理论为依据,认为共同犯罪的每个人各有其意志,各有其能力,刑罚应以各人的人格为依据,各负其责,无需区分正犯和从犯。这一制度,很好地解决了共犯身份问题和未遂问题。至于正犯分等,因为很难区分事中行为哪个是犯罪构成的行为,哪个是帮助的行为,由法官根据事实进行认定,较重的科以一等正犯之责,较轻的科以二等正犯之责,更为合理。

(三)刑罚论问题之比较研究

1. 刑罚

刑罚无外乎生命刑、身体刑、自由刑、财产刑、权利刑和名誉刑。身体刑、名誉刑是古代刑法普遍规定的刑罚,但身体刑现在大都已经废止,名誉刑适用也极小,许鹏飞先生重点对生命刑、自由刑、财产刑和权利刑进行了比较分析。

生命刑作为一种古老的刑罚,曾经占据刑罚体系的主要地位。近代刑法学争论之焦点之一是死刑存废。许鹏飞先生介绍分析了废止死刑论的理由,即死刑之严酷、不合道德、无伸缩性、无法救济、无刑罚之功用,认为废止死刑的最有利理由是"无刑罚功效",死刑没有预防犯罪的作用,所以废止死刑是立法之趋势。各国立法例虽有法律上一般废止、事实上一般废止和逐渐废止(保留死刑,严格限制适用)三种情形,但保留死刑的国家,因其减少死刑适用条文,死刑之废止也为期不远。

自由刑在刑罚史上发达较迟,却在18世纪以后成为刑罚中的主要部分,许鹏飞先生对法国、比利时、德国、葡萄牙、英国、波兰、苏俄、荷兰和日本的自由刑做了细致介绍后,总结了以下三点:其一,无期自由刑之采用与否。有学者认为无期自由刑使犯人减少改过之勇气,阻碍感化效力之实现;反对此论者则认为无期自由刑是相对淘汰方法之一,有假释及特赦等方法调剂,可以促进犯人改善。许鹏飞先生认为仅从犯人改善的角度论证无期自由刑存在的理由,在学理上不当,因为无期自由刑与有期自由刑没有区别,法官不知道犯人能否改善,更无从确定犯人需要改善的时间。其二,有期自由刑之最高额,各国不同。这与各国其他刑种存在与否有关。如葡萄牙既无死刑又无无期自由刑,所以,其有期自由刑最高期限为28年。保留死刑和无期自由刑的国家,一般有期自由刑的最高额较低。刑罚是一个体系,不能单独评价某个刑种规定得适当与否。其三,限制自由刑的种类。各国规定大致相同,但美国的不定期刑制在避免浪费国家经费、改善犯人上之成效值得注意。

财产刑作为古老的刑种,演进到现代不外是罚金刑和没收刑。罚金能够制裁犯罪人之利欲,弥补短期自由刑之不足,所以,虽然被批评有以钱赎刑和适用不平等之弊,仍被各国采纳。当然,很多国家规定适用时应考虑犯罪者平时的收益或财产状况,以尽可能消除"不平等"之影响。无力缴纳者可以分期缴纳或以工易罚或易科短期监禁,避免刑罚落空。至于罚金判决确定后犯罪人死亡,其罚金可否向继承人执行之问题,学理上有债权说和刑罚说。依债权说之观点,罚金裁判一经做出,国家和个人之间就成立债权债务关系,所以应该就遗产执行;依刑罚说之观点,罚金是刑罚,只能向犯罪人执行,不能向继承人执行。许鹏飞先生从刑罚目的出发,认为犯罪人死亡,就无执行刑罚的必要,故批评民国刑事诉讼法所采"债权说"之规定,有违"罚不及嗣"之精神。

很多学者主张名誉刑包括权利刑,认为这种剥夺犯罪人应享有的权利,对于犯罪人的名誉有很大影响。许鹏飞先生坚持权利刑的独立性,认为刑罚宣告对于犯罪人名誉的影响并不是这种刑罚特有的性质。为防卫社会之需,而剥夺某人享受某种权利之能力才是权利刑之本质。

2. 保安处分

许鹏飞先生对保安处分的研究用力颇深。保安处分是刑事社会学派防卫社会理论的规范化表现,自1893年斯托司教授起草的瑞士刑法草案起,许多国家都采取二元制,在刑罚之外规定了保安处分,希望以此充分地收到防卫社会、预防犯罪的效果。1935年中华民国刑法也移植外国的经验,设专章规定了感化教育、监护、禁戒、强制工作、强制治疗、保护管束、驱逐出院等七种保安处分的制度,并且结合中国的具体国情,予以了适当改良,如保护管束的措施,就是要依靠中国传统上非常强大的家族的力量,对当事人做改恶从善的工作。在保安处分制度上,许鹏飞先生坚持社会防卫主义,如对于减轻刑事责任人适用保安处分,应如何安排次序?各国立法例有先执行刑罚后适用保安处分的"刑罚制",有先适用保安处分后执行(或不执行)刑罚的"保安制",还有区别减轻责任人的种类、决定执行次序的"折中制"。许鹏飞先生认为"刑法之本旨是矫正犯人之恶性,绝其再犯之机会,自然以保安制为最好","因为感化教育本应先行适用"。他批评"刑罚制和折中制无非是道德责任观念的作祟罢了"。他对酗酒或常用麻醉品犯人、习惯犯人适用保安处分上的讨论,也可以看出对社会学派理论的推崇。总之,他在此问题上花费较多笔墨,是认为保安处分对中国的刑事立法以及防治犯罪实践有着重要的借鉴意义。

3. 刑罚裁量和执行制度

书中可归结为刑罚裁量和执行制度的内容,包括累犯、数罪竞合、刑之酌科、缓刑、假释和时效。其中,缓刑和假释与前文所述保安处分被称为19世纪30年代刑事立法改革的"三驾马车",是刑事实证学派和刑事社会学派理论的立法化。许鹏飞先生也给予特别重视,用较多的笔墨对缓刑和假释制度之演进、各国立法情况、适用条件、适用期限、适用效果等内容做了比较详尽的阐述和评析。如对于缓刑,当时国际上有三种不同制度,德国将缓刑权归于行政权,而司法作缓刑宣告,在一定期间没有发生法定事实,则由元首以特赦免除其刑;英美主张缓刑权属于司法权,由法官对于符合条件有悛改希望的犯罪人暂不做刑之宣告,在一定期限内观察其表现,如无法定事由,则不做有罪判决,此被现代刑法学称为"刑之暂缓宣告";还有以比利时为代表的第三种制度,也认为缓刑权是司法权,但是法官仍为罪刑之判决,给予一定期限观察犯罪人之表现,以确定实际执行与否,此被现代刑法学称为"刑之暂缓执行"。许鹏飞先生认为中国适宜采用第三种制度,因为第一种制度从法理而言易混淆司法权和行政权,操作中会长行政干涉司法之风气;第二种虽然能竟缓刑之功能,但是,需要社会组织健全和司法设备完善为保障,而当时的中国不具备这种条件。又如关于假释之适用条件,各国规定繁杂,有的规定无期自由刑、特种罪之自由刑或短期自由刑不适用,有的规定仅适用于特种自由刑,等等。许鹏飞先生认为从假释制度设置的意义观察,法律不应当对上述人等加以限制。

三、许鹏飞先生的学术贡献

正如学者研究,中国并不缺少法律比较的传统。但在两千多年的发展中,仅限于本国法律的纵向比较,只是关心本国历朝的法律兴替,缺少对同时期其他国家法律的研究和借鉴,因而与近代意义上的比较法或比较法学有本质的区别。至中国近代,西方的比较法传入以后,比较法才开始在中国产生和发展。在这一过程中出版了一批著名的比较法著作,如王宠惠的《比较民法概要》(1916年)、王家驹的《比较商法论》(1917年)、董康的《刑法比较学》(1933年)、王世杰与钱端升合著的《比较宪法》(1936年)等,[①]作为当时比较法学的代表作常常为后人乐道。通常认为董康的《刑

---

① 详见何勤华:"比较法在近代中国",载《法学研究》2006年第6期。

法比较学》是中国近代比较刑法学代表作,影响深远。相对而言,许鹏飞先生的《比较刑法纲要》不显山不露水,影响力远不及上述名人巨著。但笔者认为许鹏飞的《比较刑法纲要》在比较刑法学上的贡献并不逊于董康。

首先,在文体结构上,《比较刑法纲要》开创了比较刑法学的学科体系。对外国刑法与原理以一定的方法论为指导作出比较性解释,实际上是一种诠释的方法和过程。常见的做法是仅注重客观描述,使刑法的比较研究限于事实本身。这种做法,实质上只有比较而缺少研究,还不应当被认为是"学"。董康的《刑法比较学》以民国刑法(1928 年旧刑法)为基础,将与其条文规定相同或相类似的《暂行新刑律》、中国古代唐律、大明律、大清律,以及英、法、比、意、德、荷、俄、日、波兰和泰国等国家的刑法典(或其修正案)条文排列,进行逐条比较,对其中立法原理和学说背景进行简要阐述,并附上《暂行新刑律》相应条文,以帮助理解民国刑法。虽冠以"刑法比较学",但其文体结构是按照法律规范排列①,而且以条文为序对条文进行阐释,法理比较相对较少,更像是法律疏议,还不是能称为一个学科体系。许鹏飞的《比较刑法纲要》则按学科体系,分绪论和总论两个部分。绪论五章,包括概说、各国刑法的系统、古代民族刑法概述、刑法之沿革、各国之现行刑法;总论十一章,包括法例、刑事责任、未遂罪、共犯、刑及保安处分、累犯、数罪竞合、刑之酌科、缓刑、假释、时效,涵盖整个刑法总论,与现代刑法学之总论体系大致相同。这样的结构体系,以刑法规范为依

---

① 如其上册目录为:第一编总则:第一章法例,第二章文例,第三章时例,第四章刑事责任及刑之减免,第五章未遂罪,第六章共犯。

据又不限于刑法规范,且具体研究中刑法理论比较与刑法制度比较并重,首章内容已跨入理论刑法范畴,末章内容已延伸至刑罚消灭制度,堪称比较刑法原理之大全,其系统性、全面性确为中国近代刑法比较研究第一人。由此,可以说他是中国比较刑法学的开创者。

其次,在使用的资料上,《比较刑法纲要》丰富、前沿,开拓了刑法研究视野。刑法比较研究难度颇大,因仅近代刑法学说发展已逾400年,学者群星璀璨,学问博大精深,成果卷帙浩繁。民国1935年刑法修订前,已翻译多国刑法①,若仅掌握二手资料,难以准确把握立法和学者原意。在此问题上,董康和许鹏飞都有优势。董康是前清进士,曾任刑部员外郎、大理院刑庭推事,国学功底深厚,又东渡日本专攻法律,使其有能力在《刑法比教学》将中国古代法律,以及英、法、比、意、德、荷、俄、日、波兰和泰国等国家的刑法典(或其修正案)条文与民国刑法进行逐条比较。但其使用之外国资料多系已翻译之外国刑法规范,学说介绍少而简单又无出处,在学说上的资料价值较小。许鹏飞在法国第戎大学学习法学的经历,使其不仅接受法国近代法学系统教育,还有能力和机会阅读外文资料,②对欧洲刑法学研究最新成果有所掌握,并在书中大量引用和介绍。他不仅对多达49个国家的刑法进行了详略不一的介绍和分析,而且对主要制度所涉之刑法理论的起源、沿革、主要观点进行介绍和比较分析。值得一提的是,他还将中外学者研究的成果在注释中加以介绍,使读者可以据此了解同一问题已有之成

---

① 详见何勤华、李秀清著:《外国法与中国法:20世纪中国移植外国法反思》,中国政法大学出版社2003年版,第425页。

② 在其引用的资料中有英文和法文的。

果及出处,起到资料源的作用。其丰富的资料、宽广的视野,至今仍不失其资料价值。新中国成立后第一部比较刑法专著是1985年高格著的《比较刑法研究》,从资料的丰富程度上远远不及许鹏飞的《比较刑法纲要》。不仅目前我国学者在刑法史研究中引用许鹏飞的研究成果,就是比较刑法和对一些具体刑法问题的研究中仍在引用《比较刑法纲要》的资料,如高格著:《比较刑法研究》(1985年);金凯编著:《比较刑法》(1985年);朱华荣主编:《各国刑法比较研究》(1995年);马克昌著:《比较刑法原理》(2002年);高铭暄主编:《刑法学原理》(1994年);叶高峰著:《共同犯罪理论及其应用》(1990年);赵国强著:《刑事立法导论》(1993年);赵秉志:《犯罪主体论》(1989年);《中外刑法规定概览》(1996年)、《犯罪未遂的理论与实践》(1997年);林亚刚:《犯罪过失研究》(2000年);钊作俊著:《死刑限制论》(2001年);左坚卫著:《缓刑制度比较研究》(2004年);吴振兴:《罪数形态论》(2006年);叶良芳著:《实行犯研究》(2008年);赵秉志主编:《刑法总则要论》(2010年),等等。这不能不说是对中国现代刑法学的一种贡献。

再次,《比较刑法纲要》诠释与研究的内容,体现了对具有普适价值刑法理念的崇尚和对先进法律制度与学说的传播。中国近代比较法研究,崇尚的是西方先进的法律理念,追求的是西方先进的法律制度。尽管这些理念和制度,有的与中国现实相差很远,有的甚至还有矛盾和冲突,但研究者们却一直孜孜于此。许鹏飞在《比较刑法纲要》也坚持了这一点。[①]

[①] 具体观点已如前述,不再赘文。

例如关于法人犯罪,许鹏飞对两种学说——拟制说和实在说,及相应的两种不同立法例进行了介绍。拟制说认为法人本不存在,作为法律拟制的人没有法律所允许的目的以外的意思能力和行为能力,自然没有犯罪能力,所以,不能负刑事责任。实在说认为法人与自然人一样是实际的存在,应当为自己的行为负刑事责任。许鹏飞认为"在目前社会经济状态日形发展,凡百事业莫不组织团体以期经营之宏大,法律对于这些集团的违法行为,若不加以刑事制裁,则难保此等集团不以一个人之牺牲,以博取大罪恶的代价"。从维护治安起见,应当规定法人的刑事责任。民国刑法采法人拟制说,没有规定法人犯罪。新中国第一部刑法1979年刑法也没有规定法人犯罪。但是,随着社会发展,无论台湾地区还是中国大陆,目前都有了相应内容,我们不能不敬佩许鹏飞先生之学术远见。

再如刑罚与保安处分。许鹏飞先生首先从立法史上对刑之发展进行考察,认为经历了刑罚之一元主义、刑罚与保安处分之二元主义,及保安处分或称社会防卫处分之一元主义三个阶段。许鹏飞先生分析了二元主义和保安处分之一元主义。二元主义以为刑法的任务除为维护正义,以刑事责任为基础制定刑罚外,为了防止社会免遭侵害,对于无刑事责任的行为采用一种保护社会安宁的处分。对于犯罪以刑事责任为基础、科以刑罚,至责任无能力人、有特殊癖性之犯罪人、或刑罚尚不足以改善的人,则以保安处分以预防社会之危险。一元主义自实证学派兴起,认为二元论之刑罚不合事实的需要,而提倡以社会责任为刑事责任的基础,故不问行为人之精神状态,只要有犯罪行为,社会则必须给予行为者以"制裁"。许鹏飞先生认为两派主张见仁见智,均言之有理,持之有故。各国立法大多接受二元主义,但是二元主义在法理上存在缺陷。

今后刑法发展的方向,应该是保安处分之一元主义。其预测契合了当时世界最新刑罚理论。

此外,他在阐述缓刑的必要性时称"刑法上之缓刑,是调和刑之人格化和有罪必罚原则之一种刑事政策,因为就刑法方面说,凡是犯罪,都要受社会的限制,才足以显示法律的威严公正,但是有时征诸犯人个性,往往恶性不大,执行刑罚,不特不能促其改善,反而阻塞其自新之路,尤其是短期自由刑,改善既嫌不足,犯罪性的传染,则确乎有余,这种法理与事实极度矛盾的补救方法,就只有缓刑"。这种对于缓刑必要性的认识与当前我们设置缓刑宗旨如出一辙。

编　后　记

伴随清末社会转型,在中华法系死亡与如何再生的迷茫之中,近代意义的法学顺西学东渐的巨大潮流接踵而至,此时,比较法学①也传入中国。以西方近代法为思路进行比较研究的,首推清末法学大师沈家本,其《寄簃文存》是将西方法理学作为研究传统法学的先河之著述,其后有陈顾远的《中国法制史》,按照西方近代部门法理论研究中国法律制度的演变,都堪称近代中国比较法研究的开创性作品。

20世纪前中期,在中国近代法学的成长中,比较法学恰逢一个较大发展的机遇,这一时期不仅出现了堪称中国比较法学院的东吴大学法学院,以英美法为教育蓝本与模范,汇集了一批法学精英,如盛振为(1900—1997)、吴经熊(1899—1986),担任法学院教务长、院长、教授。这批法学家运用比较法学的视野和方法,出版了一些部门法的比较法学著作,编辑了被誉为比较法论坛重点刊物的《法学杂志》(*China Law Review*)、《中国法学杂志》②。

民国时期比较法学的研究成果是中国法学发展不可替代的宝

---

① 即以法系为主研究各国法律传统与制度,它有别于明清之际出现的对于各朝律例的比较。

② 何勤华:《中国近代比较法的诞生及其成长》,载《外国法与比较法研究》第一卷,第10页,商务印书馆2006年10月。

编后记

贵思想源泉与文化遗产。现在读来也不乏新意，其中蕴含的法律科学的常识与真意可以作为文明遗产传承。而且，那时的法学家，多有留学西方国家研习法政、经济的学术背景，具有宽广的学术眼界，国学基础扎实，有崇高信仰，也不乏拯救民族危亡的理想与抱负，著述具有中国近代问题意识与解决问题的针对性。

同时，民国时期学者普遍信仰三民主义，民主、民权、民生成为近代中国的法治建设的至高精神追求，保存、开发近代法律文化遗产，探寻中国复兴的文化源头，需要继承近代以来中国法律文化遗产，这是一项重大的出版工程，商务印书馆已出版了《新译日本法规大全》《大清新法令》点校本，旨在保存经典，传播优秀法律文化，继而推出"民国·比较法文丛"，为这一出版工程增添新品种。

目前"民国·比较法文丛"，拟收入著作十部，包括：《比较法学概要》《政治学与比较法学》《联邦政治》《各国地方政治制度　法兰西篇》《宪法历史及比较研究》《比较刑法纲要》《世界刑法保安处分比较学》《比较劳动政策》（上、下）《比较破产法》《比较票据法》。今后，"文丛"尚需扩大收书范围，将这一法律文化传播工作继续下去。

最后，特别需要说明的是华东政法大学校长何勤华教授在百忙中主持"文丛"的勘校整理工作，中国政法大学图书馆曾尔恕馆长提供全部原始版本，在此向两位值得尊敬的校长、馆长致以最诚挚的谢意。*

---

* 本文由王兰萍执笔。

图书在版编目(CIP)数据

比较刑法纲要/许鹏飞编著.—北京:商务印书馆,2014
(民国·比较法文丛)
ISBN 978-7-100-08891-6

Ⅰ.①比… Ⅱ.①许… Ⅲ.①刑法—比较法学—世界 Ⅳ.①D914.01

中国版本图书馆 CIP 数据核字(2012)第 013658 号

所有权利保留。
未经许可,不得以任何方式使用。

民国·比较法文丛
比较刑法纲要
许鹏飞 编著

商 务 印 书 馆 出 版
(北京王府井大街36号 邮政编码100710)
商 务 印 书 馆 发 行
北京市白帆印务有限公司印刷
ISBN 978-7-100-08891-6

2014年8月第1版　　开本 880×1230　1/32
2014年8月北京第1次印刷　印张 7⅞　插页 1

定价:35.00 元